情報濁流時代に
最も必要なビジネススキル

本質をつかむ

Grasp the essence

羽田康祐 k_bird 著

フォレスト出版

まえがき　現代における「本質」の見えにくさ

「本質を見失う」とは？

あなたは次のような場面に陥ったことはないだろうか？

●上司の指示通りに作業をしたはずなのに「いや、そうじゃなくて」「思ってたのと違う」と突き返されてしまう……。
●丁寧に報告したつもりでも「だから何？」「要はどういうこと？」と問われ、返答に窮してしまう……。

あるいは、次のような経験はないだろうか？

●エクセル関数や生成ＡＩをマスターして業務のスピードを上げたものの、仕事の生産性が上がった気がしない。

●網羅的に資料やデータを集めたものの、情報の洪水におぼれてしまい、どう扱っていいかがわからなくなる。
●高度な機械学習で分析を行ったものの、分析結果が活かされない。
●部下にきめ細かく指示を出しているのに、全然成長してくれない。
●担当業務のＫＰＩを大幅達成したものの、まったく評価されない。

これらに共通するのは、物事の表面にとらわれるあまり、本質を見失っていることだ。

仕事の生産性を上げるうえで、業務スピードを上げることは本質ではない。生産性向上の本質は「やらなくてもよいことを見極めて、やめてしまう」ことにある。なぜなら業務スピードをいくら上げたところで、そもそもその業務自体が必要ないのであれば「スピードを上げること」には意味がないからだ。

また、多くの時間を割き網羅的に情報を集めたところで、情報収集そのものは目的ではなく手段に過ぎない。事前に情報収集の「目的」や「重要な核心」を見極めておかなければ、膨大な情報におぼれ、価値ある示唆は導き出せない。

分析で重要なのは「分析手法が高度であること」ではない。「すごそう」「頭がよさそう」という印象はつくれるかもしれないが、分析の本質は意思決定者に判断材料を提供することだ。その目的が達成されるのであれば、むしろ分析手法は誰にとってもわかりやすくシンプルであるほうが価値がある。

報告書作成では、膨大な報告内容を漏れなく詰め込むことが本質ではない。報告書作成の本質は、相手が知りたいことや必要とする結論を伝えつつ、次に向けた示唆や教訓を組織知に変えていくことだ。

マネジメントにおいては、細かく指示を出すことは即効性がある反面、部下の自己判断力を奪う。マネジメントの役割は短期的な成果だけでなく、チーム全体の長期的な競争力向上も含まれる。そうである以上、部下が自立して成果を出せるような機会を与え、自主性を育むことこそが本質的なマネジメントといえる。

ＫＰＩを達成しても評価されないのは、ＫＰＩが全体の中の一部分でしかないことを理解していないからだ。たとえばあなたがマーケッターだったとして、広告を出稿して資料請求者数のＫＰＩを達成したとしても、資料請求者が購入に至らなければ、あなたは広告費をドブに捨てただけになる。これではＫＰＩを大幅達成したとしても、評価はされないだろう。

このように「本質を見抜く力」が乏しいと、ビジネスのあらゆる場面で的外れな言動を繰り返してしまうことになる。

本質が見えにくくなる時代

残念なことだが、これからはより一層、本質が見えにくい社会になっていくはずだ。なぜなら次の3つの変化が速度を増しながら進んでいくからだ（図1）。

●ビジネス環境の複雑化
●情報濁流
●変化のスピードの速さ

ビジネス環境の複雑化

今後、より一層、ビジネス環境は複雑になっていくはずだ。

消費者向けビジネスにおいては、顧客ニーズは際限なく細分化し続けるだろう。顧客が商品を選ぶ際のプロセスも格段に複雑になり、その全体像を把握することすら難しくなる。

法人向けビジネスにおいても、単純な「モノ売り」から「ソリューション提案」へのシフトが進み、より高いレベルの提供価値が求められるようになるはずだ。企業自身が自社の本質的な課題をとらえ切れないケースも増えていくだろう。その結果、支援会社側は曖昧な要件に振り回されることが多くなるはずだ。

テクノロジーの進化もまた、ビジネス環境の複雑化に拍車をかけている。生成ＡＩ、

図1　本質が見えにくい社会へ

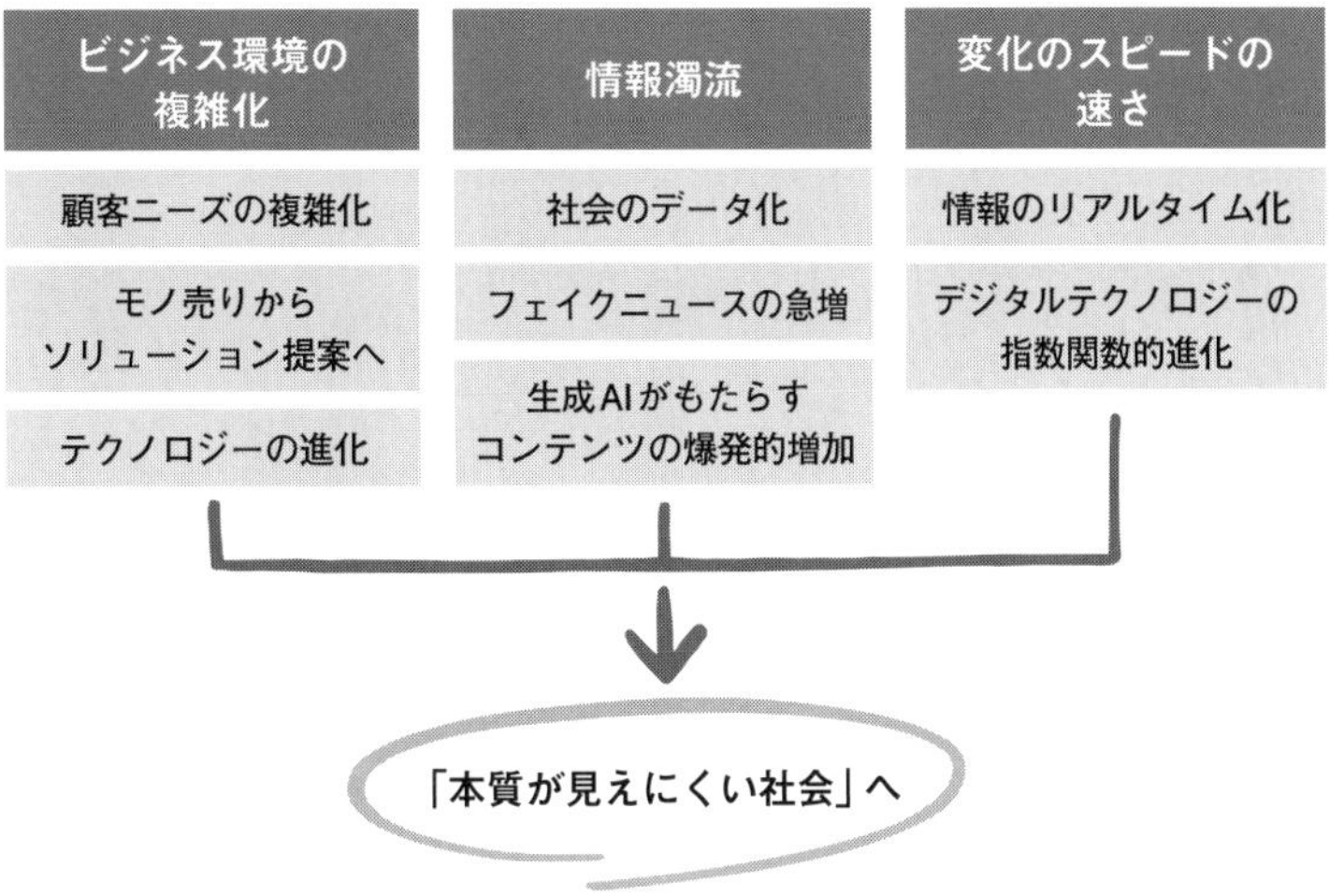

ＩｏＴ、ブロックチェーンといった革新的な技術が次々に登場し、企業はこれらをいかに効果的に取り入れるかが成否を分ける。

情報濁流

企業の外側に目を向ければ、デジタル化の進展により、毎日のように膨大なデータが吐き出され、情報拡散のスピードは加速している。その結果、個人や組織が受け取る情報量は飛躍的に増えている。

ネット記事やＳＮＳからは、日々何千もの情報が流れ込んでくる。中には信頼性の高い情報もある一方で、センセーショナルな見いだしで注目を集める偏った情報も多く含まれる。さらに今後は生成ＡＩが、大量のコンテンツをまき散らしていくだろう。

どのような情報も、その背景や意図を見抜けなければ真の価値を見極めることはできない。膨大な情報濁流の中で、データの背後にある文脈や因果関係を見抜く力が求められる時代だ。

変化のスピードの速さ

インターネットの普及は、情報の流れを根本的に変え、変化のスピードを加速させた。情報はリアルタイムで世界中に共有される。企業が製品を発表すれば、即座に顧客や競合に伝わり、瞬時に反応が返ってくる。

この即時性は、新しい取り組みをスピーディーに展開できるメリットがある反面、問題が生じた場合には短時間で対応を迫られるプレッシャーも伴う。

技術の進化は指数関数的に発展し、新しい技術や製品が登場するサイクルはますます短くなるはずだ。各種多様なテクノロジーは数年単位で入れ替わり、社会やビジネスの構造を大きく変化させていくだろう。

このような状況では、目の前の情報に振り回されるのではなく、背景や意図を見抜き、本質をとらえる力がますます重要となるはずだ。

そして「可視化依存社会」へ

情報濁流の先にあるのは、可視化された情報に振り回され「目に見えない本質」や「長期的な視点」が見逃されていく「可視化依存社会」だ。

ＫＰＩや数値データなどの「目に見える」情報に注意が奪われ「目に見えない」質的な側面や、背景にあるストーリーは軽視されていく。

コスパ意識を重視する風潮が一層強まる中で「考える」「暗中模索する」「試行錯誤する」といったプロセスは「無駄なもの」として煙たがられ、本質を探る姿勢は薄れていく。

短期的な結果を求めるあまり、問題の本質に向き合う時間を確保できず、解決策は表面的なものになる。短期目標が優先され、長期的な戦略は後回しにされる。

「可視化依存社会」とは、表面的な情報や短期的な指標ばかりに目が行き、深い洞察を見逃してしまう社会だ。

そんな可視化依存社会に突入するからこそ、必須となるスキルが「本質を見抜く力」だ。別の言い方をすれば、見えないものを見抜き、物事の核心にたどり着くスキルともいえる。

「可視化依存社会」では、複雑な問題に対処することが日常的に求められるはずだ。「本質を見抜く力」を身につけることができれば、表面的なものに振り回されず、その本質をシンプルにとらえることができるようになるだろう。迷いやリスクに悩まされる時間が減り、決断に自信を持てるようにもなるはずだ。

「真の価値」は、見えないものにこそ宿る。それをつかむことこそが「本質を見抜く力」だ。

多くの企業・個人が「可視化依存社会」に踊らされているからこそ、本質を見抜く力は、あなたならではの希少な価値になりうる。未来を切り拓く鍵にもなるはずだ。

本書では「可視化依存社会」を生き抜くために、本質を見抜く力を磨く具体的なアプローチを紹介する。

本書の構成

第一章では、現代社会が「可視化」への依存を強めていく中で「本質を見抜く力」がなぜ重要なのかを掘り下げる。もしあなたが「本質」という言葉に曖昧な印象を持っているなら、この章は特に役立つはずだ。

続く第二章では、物事の本質を見抜くうえで必要になる7つの力について解説する。その7つとは次の通りだ。

本質を見抜くための7つの力

第1　本質的な「意味」を見抜く力
第2　本質的な「原因」を見抜く力
第3　本質的な「目的」を見抜く力

第4　本質的な「特性」を見抜く力
第5　本質的な「価値」を見抜く力
第6「関係」の本質を見抜く力
第7「大局」を見抜く力

それぞれの力に対して「なぜ重要なのか？」「どのようなメリットがあるのか？」「どのような思考の手順をたどればいいのか？」について解説する。

第二章を読み進めることで、それぞれの力にはどのようなメリットがあり、どのように思考手順を踏めばいいかを体系的に理解できるはずだ。その結果、物事の本質に迫るための方法論を手に入れることができる。

第三章では「本質を見抜く視点力」について解説する。ここまで説明してきた、本質を見抜く7つの力——意味、原因、目的、特性、価値、関係、大局——は、一言で言えば「考える力」だ。しかし何かを「考える」には、その手前に「そもそも、何について考えるべきなのか？」を見極める「視点力」が欠かせない。

よって、第三章では本質を見抜くうえで極めて重要な「視点力」について紐解いていく。第三章をお読みになれば、どのような頭の使い方をすれば、自由自在に視点を切り替えることができるのか？　をご理解いただけるはずだ。

最後の第四章では「本質を見抜く7つの力を身につける1週間トレーニング」を紹介する。

本質を見抜く力は「3日で身につく○○」などのビジネスハックとは異なり、日々の習慣によって少しずつ鍛え上げられていく筋トレのようなものだ。この第四章では、本質を見抜く力を身につけるためのトレーニングガイドを提供する。

本質を見抜く力は、これからの「可視化依存社会」を生き抜くうえでの強力な武器となり、あなた自身の成長を加速させる原動力となるはずだ。

ぜひ、本書を最後まで読み進めていただければ幸いだ。

もくじ　本質をつかむ

まえがき
現代における「本質」の見えにくさ――3

第一章
「本質を見抜く力とは何か？」――23

本質が持っている5つの特性とは――24
本質とは何か？
根本性（物事の核心部分）　本質の特性1
必要性（ニーズに応える価値）　本質の特性2
シンプル性（複雑さの奥にある原則）　本質の特性3
普遍性（時代を超えて通用する法則）　本質の特性4
全体規定性（全体を貫く中心軸）　本質の特性5

「本質を見抜く力」とは何か？　核心に迫る思考のスキル――32
「本質を見抜く力」と「ロジカルシンキング」の違い

「本質を見抜く力」がもたらす7大メリット――37
物事をシンプルに体系化できるようになる　メリット1
コミュニケーションの質が向上する　メリット2
問題の根本原因を特定できるようになる　メリット3
長期的なビジョンを描けるようになる　メリット4
イノベーションを生み出せるようになる　メリット5
意思決定のスピードと精度が上がる　メリット6
学びと成長の速度が上がる　メリット7

第二章 「本質を見抜く7つの力」――47

第1 本質的な「意味」を見抜く力――51
「意味」とは何か？
本質的な「意味」を見抜くメリット

本質的な「意味」を見抜くためのマインドセット
本質的な「意味」を見抜くための3ステップ

第2 本質的な「原因」を見抜く力 72
「原因」とは何か？
本質的な「原因」を見抜くメリット
本質的な「原因」を見抜くためのマインドセット
本質的な「原因」を見抜くための5ステップ

第3 本質的な「目的」を見抜く力 89
「目的」とは何か？
本質的な「目的」を見抜くメリット
本質的な「目的」を見抜くためのマインドセット
本質的な「目的」を見抜くための3ステップ

第4 本質的な「特性」を見抜く力 107
「特性」とは何か？

本質的な「特性」を見抜くメリット
本質的な「特性」を見抜くためのマインドセット
本質的な「特性」を見抜くための4ステップ

第5 本質的な「価値」を見抜く力 128
「価値」とは何か？
本質的な「価値」を見抜くメリット
本質的な「価値」を見抜くためのマインドセット
本質的な「価値」を見抜くための3ステップ
価値の種類について

第6 「関係」の本質を見抜く力 154
「関係」とは何か？
「関係」の本質を見抜くメリット
「関係」の本質を見抜くためのマインドセット
「関係」の本質を見抜くための3ステップ

第7 「大局」を見抜く力 170
「大局」とは何か？
「大局」を見抜くメリット
「大局」を見抜くためのマインドセット
「大局」を見抜くための3ステップ

第三章

「本質を見抜く視点力」

183
視点という思考の起点 184
視点とは何か？
視点力の重要性
「視点力」と本質を見抜く7つの力との関係 190
視点力×本質的な「意味」を見抜く力 視点力1
視点力×本質的な「原因」を見抜く力 視点力2

視点力×本質的な「目的」を見抜く力　視点力3
視点力×本質的な「特性」を見抜く力　視点力4
視点力×本質的な「価値」を見抜く力　視点力5
視点力×「関係」の本質を見抜く力　視点力6
視点力×「大局」を見抜く力　視点力7

「視点力」を身につける　196

常識を疑う　思考習慣1
真逆の視点を考える　思考習慣2
5W1Hフレームワークを活用する　思考習慣3

視点の種類について　214

「目的」と「手段」の視点　視点の種類1
「全体」と「部分」の視点　視点の種類2
「原因」と「結果」の視点　視点の種類3
「短期」と「長期」の視点　視点の種類4
「物理性」と「意味性」の視点　視点の種類5

「効果」と「効率」の視点　視点の種類6
「質」と「量」の視点　視点の種類7
「統一性」と「多様性」の視点　視点の種類8
「異質」と「類似」の視点　視点の種類9
「フロー」と「ストック」の視点　視点の種類10
「有形」と「無形」の視点　視点の種類11
「ポジティブ」と「ネガティブ」の視点　視点の種類12
「増やす」と「減らす」の視点　視点の種類13
「リスク」と「リターン」の視点　視点の種類14

第四章
「7つの本質力を身につける1週間トレーニング」 231
月 本質的な「意味」を見抜くトレーニング 234
火 本質的な「原因」を見抜くトレーニング 244

水　本質的な「目的」を見抜くトレーニング　260
木　本質的な「特性」を見抜くトレーニング　273
金　本質的な「価値」を見抜くトレーニング　285
土　「関係」の本質を見抜くトレーニング　299
日　「大局」を見抜くトレーニング　312

あとがき　319

ブックデザイン　山之口正和＋中島弥生子（ＯＫＩＫＡＴＡ）
図版作成　富永三紗子
本文デザイン・ＤＴＰ　フォレスト出版編集部

第一章

本質を見抜く力とは何か？

本質が持っている5つの特性とは

本質とは何か？

「本質」という言葉を聞いて、あなたは何を思い浮かべるだろうか？

ある人は「物事の根っこ」と答えるかもしれない。それは、物事を支える見えない土台であり、すべての現象の背景に隠れている「本当の意味」を指す。

また別の人は「変わらないもの」ととらえるかもしれない。表面的には時代が変化しても、揺るがない普遍的な原則や価値観、それが本質だと考える人もいるだろう。

さらに「シンプルなもの」というイメージを抱く人もいるかもしれない。複雑に絡み合った要素をそぎ落としていったときに最後に残る、最も重要で純粋な要素。それが本質だという見方だ。

図2　本質の5つの特性

1	根本性	●物事を成り立たせる最も重要な核心 ●表面的な特徴や一時的な変化に左右されるのではなく「それがなければ成り立たない」「意義を 持たない」という性質のもの
2	必要性	●相手がそれを求め、価値を感じ、なくては困ると感じる要素
3	シンプル性	●複雑さの中から余計な枝葉を取り除いた後の、純粋で根本的な状態
4	普遍性	●普遍性とは、特定の時間や場所、状況に縛られることなく、多くの場面や分野で通用する性質
5	全体規定性	●全体の働きを決定づける力

いずれにせよ「本質」という言葉には、表面だけでは見えない核心や価値、真実を探し求める意味が込められているといえるだろう。

筆者は「本質」を、文字通り「本来の質」だと考えている。「本来の質」とは、物事の表面に現れる一時的な現象や飾りではなく、それ自体を成り立たせている最も重要な核心部分だ。

「本質」とは、極めて曖昧な概念だ。そうである以上「本質が持つさまざまな特性」を理解することが欠かせない。

そこでここからは、筆者が考える「本質が持つ5つの特性」について解説を加えていこう（図2）。こちらをお読みになれば「本質」に対する理解が格段に進むはずだ。

本質の特性1

根本性（物事の核心部分）

「本質」には、根本性が備わっていなければならない。

根本性とは、物事を成り立たせる最も重要な核心部分を指す。表面的な特徴や一時的な変化に左右されるのではなく「それがなければ成り立たない」「意義を持たない」という性質のものだ。

たとえば、自動車について考えてみよう。自動車は「移動手段としての機能」がなければ、それはもはや自動車とは呼べない。エンジン性能やデザイン、快適性といった要素は重要ではあっても、それらは移動手段としての本質を支える周辺的な要素に過ぎない。根本となる「走る」機能がなければ、どんなに他の機能や外観が優れていても自動車としての存在意義を失う。

本質を見抜くためには、物事の表面に惑わされることなく、根本にある核心部分を探り当てる力が必要だ。この力がなければ、目に見える一時的な物事に振り回され、真に重要な価値を見失ってしまう。

必要性（ニーズに応える価値）

本質の特性2

「本質」には、必要性が備わっていなければならない。

ここでいう必要性とは、相手がそれを求め、価値を感じ、なくては困ると感じる要素のことを指す。

たとえば、製品の機能を例に挙げてみよう。どれだけ豊富な機能を搭載していても、顧客にとってその機能が「役立つ」「必要だ」と感じられなければ、豊富な機能は本質的な価値があるとはいえない。

逆にシンプルな機能であっても、顧客の課題を解決し「これがなければ困る」と思われる機能であれば、本質的な価値を持つといえる。

よく引き合いに出されるのが、日本の家電メーカーがつくる「ガラパゴスリモコン」だ。日本の家電メーカーは「機能を追加していくこと＝価値が増えること」と考え、どんどん機能を足し算していった。しかし人々が選んだのは、シンプルに機能をそぎ落としたアップル製品だ。

相手にとって必要不可欠な存在となるためには、相手の状況や課題を深く理解し、真に求められる価値を見抜かなければならない。相手からの必要性を伴ったものこそが、本質を成り立たせる条件なのだ。

本質の特性3
シンプル性（複雑さの奥にある原則）

「本質」は、シンプルでなければならない。

シンプルであるとは、複雑さの中から余計な枝葉を取り除いた後の、純粋で簡潔な状態にあることを意味する。

たとえ表面的には複雑に見える物事であっても、その根底には共通するシンプルな原則が存在する。本質とはまさにその原則であり、一見するとバラバラで複雑に見える物事の背後にある共通の原則を見つけ、その原理を基に全体像をとらえ直すことで、人にわかりやすく説明したり、効果的な解決策を見つけたりすることが可能になる。

たとえば、プロジェクトについて考えてみよう。どのようなプロジェクトでも、成功の本質は「チームが共通の目標に向かって効果的に協力すること」にある。このシンプルな原理は、大きなプロジェクトであれ、小さなプロジェクトであれ、あるいはテーマが異なるプロジェクトであっても共通する。

人は、複雑な物事の中にある核心をとらえ、シンプルな形で表現できるとき、迷いを減らし、正しい方向性を見いだすことができる。

普遍性（時代を超えて通用する法則）

本質の特性4

「本質」には、普遍性が備わっていなければならない。普遍性とは、特定の時間や場所、状況に縛られることなく、多くの場面や分野で通用する性質を指す。

たとえば「需要と供給のバランス」という経済の法則がある。この法則は、どんな取引市場においても当てはまる普遍性があり、物価や取引量など複雑な経済現象をシンプルにとらえる助けとなる。

重力の法則は、物体の落下から惑星の軌道運動に至るまで、幅広い現象を一つの法則でシンプルに説明できる。

では、ビジネスの本質はどうだろう。ビジネスの本質とは、技術の進化やトレンドの変化にかかわらず「顧客に価値を提供し、問題を解決することで対価を得る」ことだ。このような普遍的な視点を持つことで、可視化依存社会の中で、揺るがない指針を得ることができる。

さらに本質に備わる普遍性は、抽象化することによってその応用範囲を広げることができる。

抽象化とは、目の前の個別事例にとどまらず、その裏側にある共通の原理や力学を導き出し、幅広く応用可能な法則として整理することだ。これにより、個別事例を超えて、汎用性の高い学びを手に入れることができる。

たとえば、木という具体的な対象を超え「植物」というカテゴリーに抽象化することで、さまざまな木々や植物が持つ共通の性質（成長、生態系への寄与など）を浮き彫りにできる。

同じように、ビジネスの本質が「顧客に価値を提供し、問題を解決することで対価を得ること」だと理解していれば、B to C企業であれ、B to B企業であれ、あるいは製造業であれ小売業であれ、応用できるはずだ。

このように、本質を理解していれば、さまざまな状況、立場、文脈を超えて応用可能な指針になる。

全体規定性（全体を貫く中心軸）　本質の特性5

「本質」には、全体規定性が備わっていなければならない。

全体規定性とは、本質が全体の働きを決定づける力だ。たとえば、企業におけるミッションやパーパス（存在意義）について考えてみよう。明確なミッションやパーパスは、組織全体のカルチャーや行動指針、さらには意思決定の基準にまで影響を及ぼす。

スターバックスのミッション「サードプレイスを提供する」という本質的な価値観は、店舗デザインやサービスの在り方、商品の選定など、組織全体の活動を方向づけている。このように、企業の本質は全体を統一し、一貫性をつくる力を持つ。

本質が明確であれば、製品やサービスの全体的な価値が統一され、ユーザーに一貫した印象を与えることができる。

事業やサービス、組織におけるコンセプトも同様で、その本質が明確であれば、全体がその本質を中心に規定され、整合性を持った取り組みが展開できるようになる。

「本質を見抜く力」とは何か？ 核心に迫る思考のスキル

ここまでお読みになれば「本質」について、かなり理解が進んだはずだ。ここからは「本質を見抜く力」について説明を重ねていこう。

本質を見抜く力とは、複雑で表面的な現象に惑わされることなく、その裏側にある根本的な意味や力学を見抜く思考法を指す。

この力は、現代のように情報が溢れ、変化が激しい可視化依存社会では極めて重要なスキルだ。

ここで、本質を見抜く力の特徴を浮き彫りにするために「本質を見抜く力」と「ロジカルシンキング」の違いについて触れておこう。

「本質を見抜く力」と「ロジカルシンキング」の違い

思考スキルと聞いて、まず初めに思い浮かべるのがロジカルシンキングだろう。今やビジネスシーンで一般的となり、必須スキルとして定着してきた。しかし「本質を見抜く力」は、ロジカルシンキングとは明確に異なる。

ロジカルシンキングとは、与えられた情報を基に、論理的に結論を導き出す思考法だ。その特徴は、物事を体系化し、筋道立てて考えることで合理的な結論を得られる点にある。

しかしこの方法は「与えられた情報が正確で完全である」という前提に基づいている。

そのため、不完全な情報や偏った情報を基にロジカルシンキングを展開した場合、間違った結論に導かれてしまう。言い換えれば、ロジカルシンキングは「結論の質」が「インプットされた情報の質」に左右されてしまうという限界がある。

一方で本質を見抜く力は、表面的な情報にとらわれず「なぜこの情報が重要なのか」「背後にある原因は何か」を問い続けることで、真の意味や価値を見いだす。

たとえば、売上低迷の原因を探る場合を考えてみよう。ロジカルシンキングでは、売上を分解し「顧客数の減少」や「平均購入単価の低下」といった原因を特定することができる。

しかし、これだけでは「なぜ顧客が減少しているのか」「なぜ単価が低下しているのか」という本質にはたどり着けない。

ここで本質を見抜く力が必要となる。単なる分析にとどまらず「顧客ニーズが変化しているのではないか」「競合製品が提供する価値が上回っているのではないか」といった「見えない背景」を洞察する。本質を見抜く力は、目に見えない根本的な原因を探り当て、持続可能な解決策を導き出すのに役立つ。

現代のビジネス環境は玉石混交の情報が溢れ、変化も激しい。手に入る情報が正確かつ完全であることはむしろ稀《まれ》だ。不完全で偏った情報が当たり前である現代において、ロジカルシンキングだけには頼れない。

本質を見抜く力は、このような不透明な状況でこそ力を発揮する。目の前の情報が不完全であっても、その裏に隠れた見えない意味や力学を読み解き、適切な行動を導き出す力こそが、本質を見抜く力だ。

さらに、ロジカルシンキングは別の限界も存在する。それは新しい視点やアイデアを生み出す力が弱い点だ。ロジカルシンキングは過去の事実を基に考える思考法であるため、その範囲を超えた革新的な発想や創造的なアプローチを生み出すことが難しい。

一方で、本質を見抜く力は、表面的に表れている現象の背後にある根本的な原理や力学を探り当て、そこを起点に新しいアプローチを見いだす力だ。この力は、新たな視点や可能性

図3　本質を見抜く力とロジカルシンキングの違い

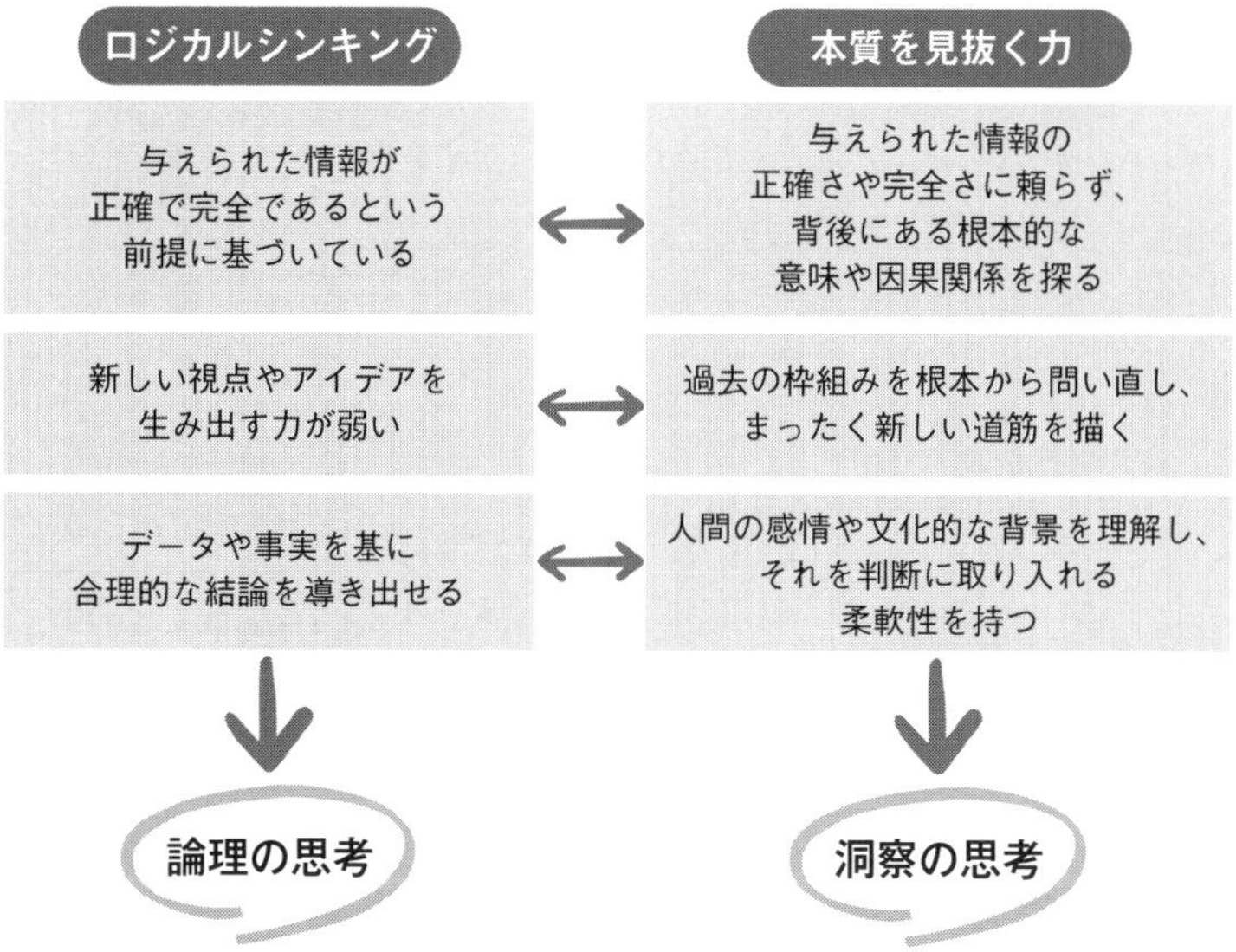
ロジカルシンキング
本質を見抜く力
与えられた情報が
正確で完全であるという
前提に基づいている
与えられた情報の
正確さや完全さに頼らず、
背後にある根本的な
意味や因果関係を探る
新しい視点やアイデアを
生み出す力が弱い
過去の枠組みを根本から問い直し、
まったく新しい道筋を描く
データや事実を基に
合理的な結論を導き出せる
人間の感情や文化的な背景を理解し、
それを判断に取り入れる
柔軟性を持つ
論理の思考
洞察の思考

を発見することを可能にする。

　たとえば、売上低迷の課題を考える際、本質を見抜く力を持つ人は「社会の価値観がどのように変化しているのか」「トレンドの変化の背後にある根本的なニーズは何か」といった本質的な問いを投げかける。このアプローチによって、ロジカルシンキングではたどり着けない新しい機会や解決策を見いだすことができる。

　未来を切り拓くためには、過去の延長線上にない、新しいアイデアや戦略が求められる。本質を見抜く力は、過去の枠組みを根本から問い直し、まったく新しい道筋を描く力をもたらす。この力は、イノベーションを生み出し、変化の波に乗るための重要なスキルとなる。

最後に、ロジカルシンキングは、データや事実を基に合理的な結論を導き出せる点が強みだが「人間的な要素」への理解が不足しがちになる。

論理的なアプローチは、データや客観的な事実を重視するため、人間の感情や文化的背景といった、数字や論理では測りきれない要素を軽視してしまう。

たとえば、製品の売上低迷を分析する際、ロジカルシンキングでは「価格が競合より高い」「広告宣伝費が不足している」といった数値や事実に基づく結論に行き着くかもしれない。

しかし、それだけでは「顧客がその製品に共感を抱いていない」「ブランドのストーリーが刺さっていない」といった感情的な要因をとらえることが難しい。

本質を見抜く力は、人間の感情や文化的な背景を理解し、それを判断に取り入れる柔軟性を持つ。この力は、数字や事実だけでなく、目に見えない価値観や心理的要素を洞察するために欠かせないスキルだ。

ロジカルシンキングがデータや事実に基づく「論理の思考」であるとするならば、本質を見抜く力は感情や文化的背景をも含めた「洞察の思考」と言えるだろう（図3）。

「本質を見抜く力」がもたらす7大メリット

ここまでお読みになれば「本質」や「本質を見抜く力」について、理解が深まったのではないだろうか？　ここからは「本質を見抜く力」が具体的にどのようなメリットをもたらすのかを解説していこう。

本質を見抜く力がもたらすメリットは、次の7つに整理できる。

本質を見抜く力の7つのメリット

①物事をシンプルに体系化できるようになる：表面に振り回されずに核心をとらえ、物事をシンプルに整理できるようになる。

②コミュニケーションの質が向上する：言葉や行動の背後にある意図を正確に理解することで、相手と的確に意思疎通が図れるようになる。

③問題の根本原因を特定できるようになる：表面的な現象に惑わされず、根本的な課

題を明らかにすることで、持続可能な解決策を導き出すことができる。

④**長期的なビジョンを描けるようになる**：目先の状況だけでなく、未来に向けた大局的な方向性を見いだせるようになる。

⑤**イノベーションを生み出せるようになる**：既存の枠組みにとらわれず、根本から変化を創る新しい発想が可能になる。

⑥**意思決定のスピードと精度が上がる**：複雑な状況の中から核心を見抜き、迅速かつ正確な判断ができるようになる。

⑦**学びと成長の速度が上がる**：見抜いた本質をさまざまな分野に応用し、個人や組織の成長を加速させることができる。

以下、それぞれのメリットをさらに詳しく掘り下げていこう。ぜひ、あなた自身の仕事や目標に照らし合わせながら、読み進めてほしい。

メリット1

物事をシンプルに体系化できるようになる

本質を見抜く力を身につけることで、溢れる情報に振り回されず、核心をとらえてシンプ

ルに体系化できるようになる。この力は、複雑な状況を「ノイズ」と「核心」に切り分け、真に注力すべき部分を明確にする力ともいえる。

たとえば、企業の業績が低迷している原因を考える場面を想定してみよう。製品開発の遅れ、リーダーシップの不足、インフレの加速、人材不足など、多岐にわたる原因が挙げられ、あなたは途方に暮れるかもしれない。しかし本質を見抜く力があれば、これらの要素を「顧客ニーズの変化」「競合他社の戦略」「自社のプロセスや組織の競争力」といったシンプルな枠組みで整理し、体系的に考えられるようになる。

さらに、本質を見抜く力を身につければ、表面的な情報や短期的な現象に振り回されることなく、根本的な問題を明らかにし、それに集中して取り組むことができるようになる。本質を見抜く力とは、複雑な状況をシンプルに体系化し、明確なアクションプランを導き出すために欠かせない力だ。

コミュニケーションの質が向上する　メリット2

本質を見抜く力を身につければ、シンプルで効果的なコミュニケーションができるようになる。なぜならどんなに複雑な物事も、その核心をとらえ、簡潔でわかりやすい言葉に置き換えて話せるようになるからだ。その結果、相手は直感的に理解できるようになり、意思疎通の精度が格段に上がる。

たとえば、プレゼンテーションの場面を考えてみよう。数多くの細かい施策を網羅的に説明しても、聞き手からは「で、結局、何が言いたいの？」と言われてしまうだろう。

一方で「これから説明する施策はすべて、ブランド力の向上を目的としたものです」と核心を先に伝えれば、聞き手は「ブランド力の向上」という文脈に沿ってそれぞれの施策を位置づけ、解釈しやすくなる。

さらに、この力は相手の発言や行動の背後にある「本当の意図」を見極める際にも有効だ。相手が言語化できていない「本当の意図」を見抜き、先回りした対応をとることで、相手からの信頼を勝ち取ることができる。

たとえば、顧客から「コスト削減が必要だ」と言われた場合、その背景にある本当の意図が「利益率の改善」であると見抜ければ、単にコスト削減の提案をするだけでなく、利益率向上につながる付加価値向上の提案を組み合わせることができる。こうした対応は、顧客との信頼関係を深めるだろう。

本質を見抜く力は、コミュニケーションを単なる「情報の伝達」から「洞察に基づく対話」へと進化させる。この力を磨くことで、相手との関係性をより深く、より前向きなものにできるはずだ。

メリット3

問題の根本原因を特定できるようになる

本質を見抜く力を身につけることができれば、表面的な問題にとらわれずに根本的な原因にたどり着き、効果的な解決策を導き出せるようになる。

多くのビジネスの現場では「目に見える問題」に注目が集まりやすい。しかし、目の前に現れているのはあくまで「現象」に過ぎず、その現象の根本にある「本当の原因」にたどり着かなければ、問題の根本解決には至らない。

たとえば「市場シェアの低下」という問題は、単に表面上に現れた現象であって、その根本原因は「営業の努力不足」や「価格競争」あるいは「製品コンセプトのずれ」などもありうる。本質を見抜く力は、こうした表面的な現象の奥底に潜む根本原因を見極める洞察力を支えてくれる。

単に表面的な問題に対処するだけでは、根本的な課題は残ったままとなる。その結果、再び同じ問題が発生する可能性が高まり、その都度対策を講じなければならなくなる。

しかし本質を見抜く力を身につけることができれば、問題の核心に焦点を当てた施策を展開できるようになり、根本的な問題解決が実現できる。その結果、同じ問題が再発するリスクを大幅に減らし、時間やコストの浪費を防ぐことができるのだ。

メリット4
長期的なビジョンを描けるようになる

本質を見抜く力は、長期的なビジョンを描くスキルをもたらす。この力を身につければ、複雑な現象の裏側にある本質的な力学を見極め、それを起点に大局を描くことができるようになる。

たとえば、DX（デジタルトランスフォーメーション）を進める際に、単に生成AIや新しいツールを導入して終わるのではなく、それらが組織にもたらす本質的な力学を見抜いて、組織全体の変革を見据えた大局的な方向性を考えることが可能になる。

また、本質を見抜く力は物事をシンプルに整理し、関係者全員が理解しやすく共感しやすい「核となるビジョン」を示す能力をもたらしてくれる。

本質を見抜く力があれば、短期的な対応に右往左往せず、長期的な成功へとつながる道筋を描き、実現に向けて組織を動かすことができるのだ。

メリット5

イノベーションを生み出せるようになる

本質を見抜く力は、新しい価値を生み出すための原動力となる。この力を身につけることで、ビジネスモデルの本質的な特性や力学を正確に理解し、従来の枠組みにとらわれない発想が可能になる。

たとえば、音楽配信サービスを考えてみよう。かつて主流だった「アルバム単位の販売」というビジネスモデルは、顧客ニーズの本質的な変化をとらえることで「サブスクリプションモデル」へと進化した。この転換は、業界の固定概念を問い直し、新しい価値を提供する仕組みを生み出した好例といえる。

さらに、シェアリングエコノミーも同様だ。車や住宅といった資産の特性を再解釈し、それらを一時的に共有する仕組みをつくり上げたことで、消費者と企業の双方に価値を提供する新しい経済モデルを確立した。

本質を見抜く力は、イノベーションを生み出す能力の根幹だ。

本質を見抜く力があれば、物事の核心部分をとらえ直すことで、固定概念を突破できる。この力を鍛えることは、未来を切り拓き、競争優位を確立するための最強の武器となる。

意思決定のスピードと精度が上がる　メリット6

本質を見抜く力は、意思決定のスピードと精度を飛躍的に向上させる。この力があれば、膨大な情報や複雑な状況の中から核心を見抜き、適切な判断をスピーディーに下すことができるようになる。

意思決定には「洞察」と「ロジック」の両方が必要だ。本質を見抜く力を備えていれば、直感的な洞察に頼るべき局面と、データや分析に基づいて慎重に考えるべき局面を見極められる。たとえば、不完全な情報しか得られない状況でも、まず洞察を基に仮説を立て、行動に移す。その後、データや検証結果を用いて洞察を補い、判断の精度を高めるといったプロセスを実践できるようになる。

本質を見抜く力は、変化の背後にあるトレンドや根本原因を理解し、柔軟でスピーディーな判断を可能にしてくれる。これにより、競争の中で先手を打つ意思決定が可能になるはずだ。

学びと成長の速度が上がる

メリット7

本質を見抜く力は、学びと成長のスピードを飛躍的に高める。この力があれば、ある分野の知識が不足していても、物事の核心をつかみ、他の分野に応用することで、どんな状況にも柔軟に対応できるようになる。

本質を見抜く力を持つ人は、自分が経験した分野の裏側に潜む力学や法則性を見抜き、それを他の分野に応用する力を持っている。これにより、特定の分野を超えて学びの幅が広がり、成長の速度は飛躍的に加速するのだ。

その集大成ともいえるのが、世の中に各種存在しているビジネス理論だ。たとえば「規模の経済性」という理論は、製造業において生産量が増加すれば、1単位あたりのコストが下がっていくという原理を説明した理論だ。この理論は、モノをつくっている製造業などの企業にも応用可能だ。

本質を見抜く力があれば、自分の経験を通して、その背後にある原理や法則を見抜くことができる。それらを他の分野に当てはめて応用することで、門外漢の分野でも成果を出せるようになる。

本質を見抜く力は、あなたの学びと成長の原動力となるのだ。

第二章

本質を見抜く7つの力

本質を見抜く力は、単一のスキルではなく、大きく分けて7つの力から成り立っている。

「本質を見抜く7つの力」一覧

第1 本質的な「意味」を見抜く力

本質的な「意味」を見抜く力とは、物事の表面的な内容だけでなく、その背後に隠された本当の意図を読み取る力だ。この力を身につけることで、発言や行動の裏にある真のメッセージを汲み取り、正しい理解ができるようになる。

第2 本質的な「原因」を見抜く力

本質的な「原因」を見抜く力は、目に見える問題の背後にある根本原因を突き止める力だ。この力を身につけることで、場当たり的な対応ではなく、根本的な問題解決策を導き出すことができるようになる。

第3 本質的な「目的」を見抜く力

本質的な「目的」を見抜く力とは、行動や計画の背後にある真の狙いを見抜く力だ。この力を身につけることで、手段と目的を混同してしまう状況を避け、真の目的に沿った適切な言動ができるようになる。

第4 本質的な「特性」を見抜く力

本質的な「特性」を見抜く力とは、変化を形づくっている作用や働きを深く理

図4　本質を見抜く7つの力

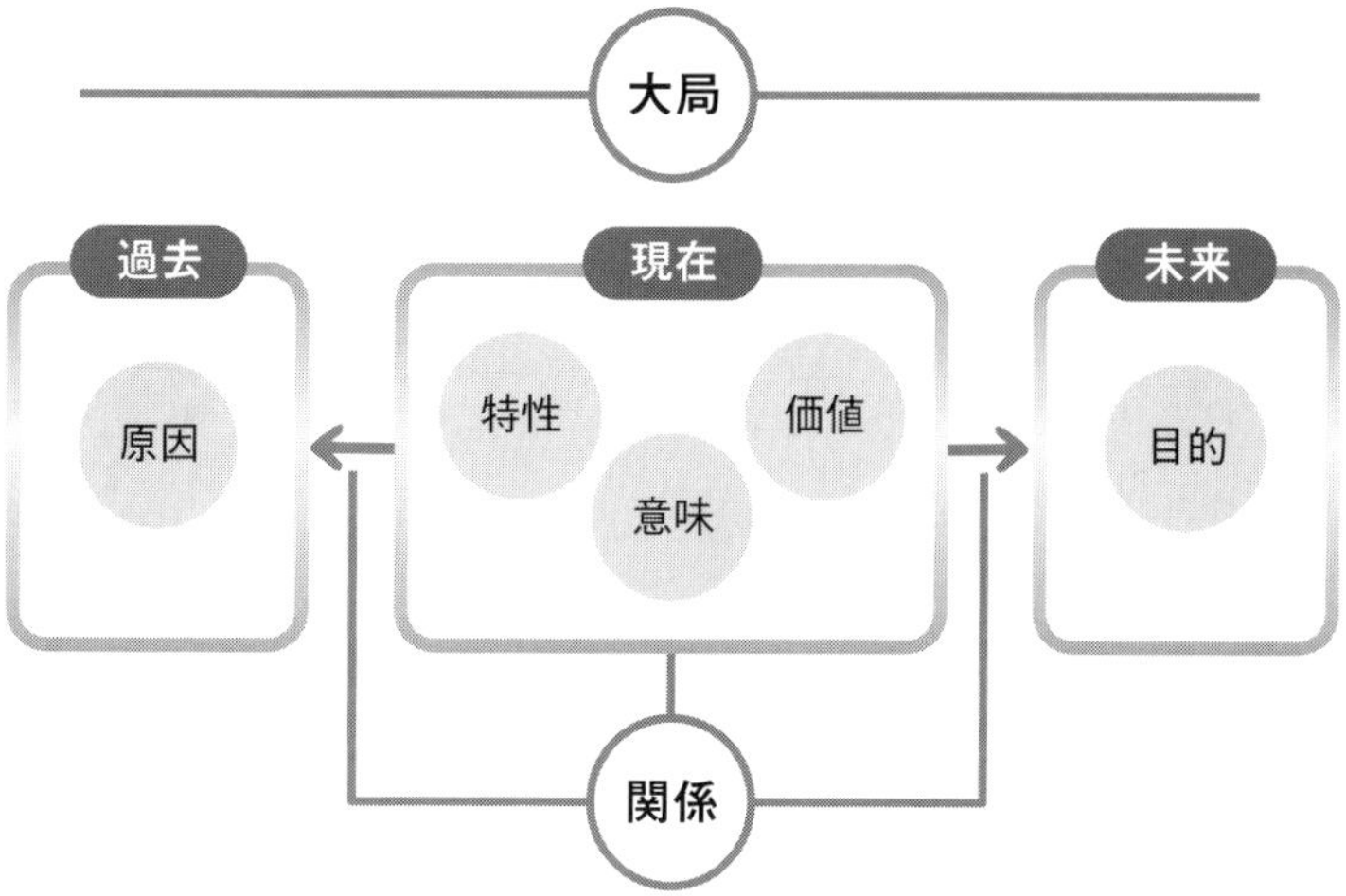

解し、それらが全体に与える影響を見抜く力だ。この力を身につけることで、変化を形づくっている根本的な原理や力学を見極め、適切に活かせるようになる。

第5　本質的な「価値」を見抜く力

本質的な「価値」を見抜く力とは、物事が持つ有益性や意義を理解する力だ。この力は、価値を生み出したり、価値を提供するなど、ビジネス活動を効果的に進めるうえで必須となる力といえる。

第6　「関係」の本質を見抜く力

「関係」の本質を見抜く力とは、物事の背後に隠れた因果関係を把握し、それを応用可能な形に整理する力だ。この力を身につけることで、精度の高い予測や仮説を立てられるようになる。

第7「大局」を見抜く力

「大局」を見抜く力は、個別の現象にとらわれることなく、大きな方向性を見極める力だ。この力を身につけることで、より広い視野で戦略的な判断を下すことができるようになる。

これらの力はそれぞれ独立した役割を果たしつつも、互いに補完し合う関係にある（図4）。本章では、それぞれの力について順を追って解説していこう。

第1本質的な「意味」を見抜く力

「意味」とは何か？

「意味とは何か？」と聞かれて、あなたは何と答えるだろうか？

「意味」とは、単なる内容のことではない。背景と照らし合わせたときに初めて浮かび上がる「解釈」といえる。

たとえば「Tシャツ」について考えてみよう。Tシャツは、アパレルメーカーの倉庫にあれば「在庫」だが、お店の棚に並んでいれば、値段がついた「商品」に変わる。自宅のクローゼットにあれば「洋服」だが、洗濯機の中にあれば「洗濯物」だ。ゴミ捨て場にあれば「可燃ゴミ」に変わる。

ここで重要なポイントは「Tシャツ」という実体は変わらなくても、照らし合わせる背

図5　照らし合わせる「背景」次第で意味は変わる

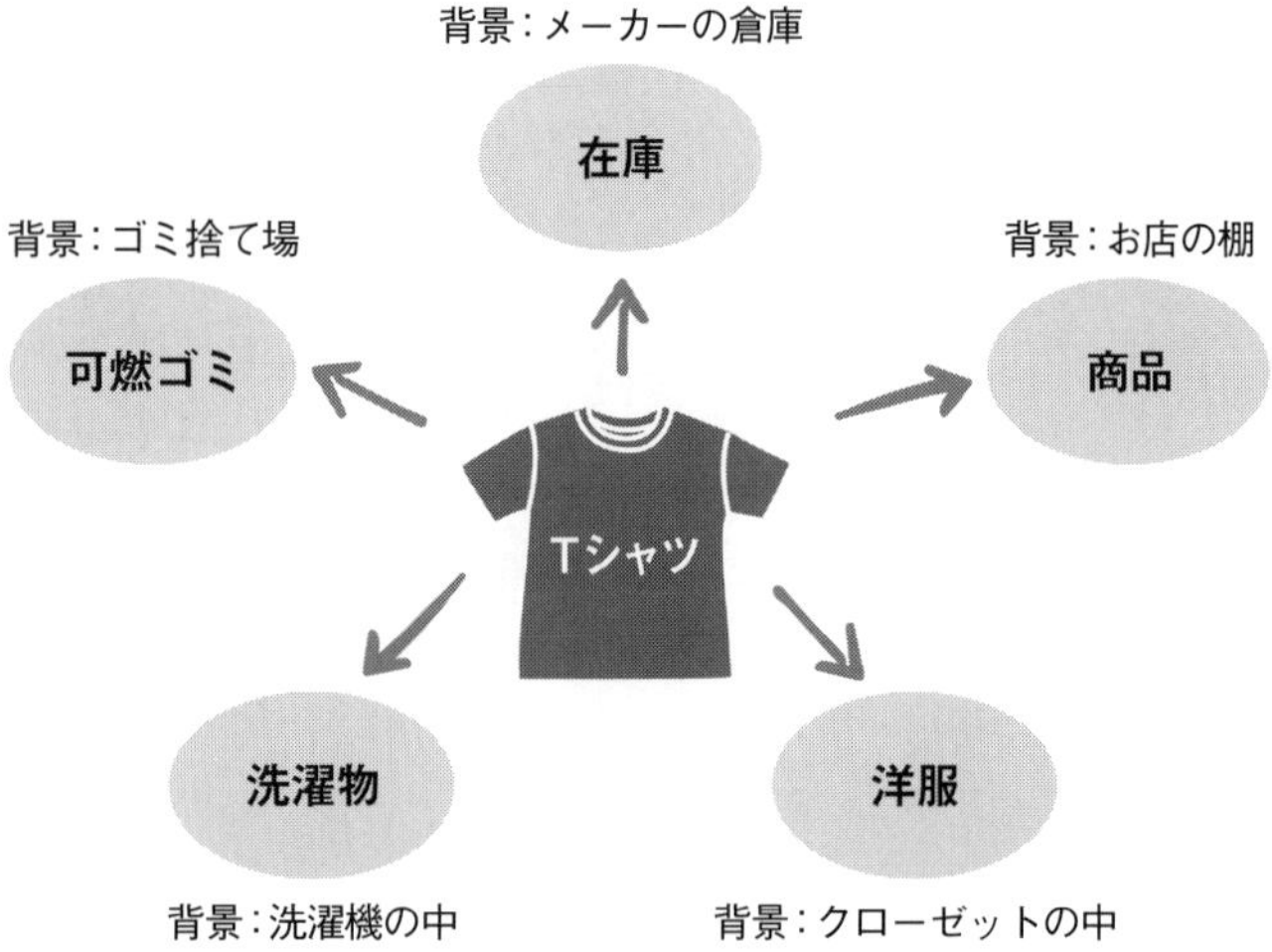

景次第で、その「意味」が変わってしまうことだ。

このように「意味」は実体や内容だけでは決定づけることができず、照らし合わせる背景次第で「洋服」にも「可燃ゴミ」にも変わりうる（図5）。

人と人との会話も同様だ。たとえば、日常の会話で使われる「ありがとう」という言葉について考えてみよう。

この言葉は表面的には感謝の意味になるが、照らし合わせる背景によって意味は大きく変わる。心からの感謝を表している場合もあれば、皮肉や嫌味として使われる場合もあるだろう。その真意を汲み取るには、言葉の背景や文脈、さらには話し手の意図に照らし合わせて解釈する必要がある。

そして、ビジネスの世界では「意味」とは単なる解釈にとどまらない。

たとえば「市場での優位性を築く」とは、何を意味しているのだろうか？　価格競争に勝つことを意味しているのか？　ブランド価値を高めることを意味しているのか？　あるいは独自のサービスを確立することを意味しているのか？　その意味合いを正確に理解しない限り、適切な行動を取ることはできない。

本質的な「意味」を見抜く力は、効果的なコミュニケーションの核心であり、物事のありようを適切に解釈するスキルでもある。ビジネスや日常生活においても、発言や状況の背景を理解し、それと照らし合わせることで初めて、正確な「意味」をとらえることができる。

本質的な「意味」を見抜くメリット

それでは、本質的な「意味」を見抜く力を身につけることは、あなたにどのようなメリットをもたらすのだろうか？

以下、４つのメリットを解説していこう。

相手とのすれ違いを防げる　メリット一

本質的な「意味」を見抜く力は、コミュニケーションにおいて誤解を防ぎ、相手の真意を正確に理解するために欠かせない。言葉や行動の表面的な理解にとどまらず、その背後に隠された意図や感情、背景に目を向けることで、より深い関係を築き、スムーズなやり取りができるようになる。

- ●上司の指示通りに作業をしたはずなのに「いや、そうじゃなくて」「思ってたのと違う」と突き返されてしまう……。
- ●丁寧に報告したつもりでも「だから何？」「要はどういうこと？」と問われ、返答に窮してしまう……。

これは本書の冒頭で示した文章だが、このようなコミュニケーションの行き違いの背景には「本質的な意味」が共有されていないという問題が潜んでいる。

たとえば、上司からの指示が「わかりやすい資料をつくってほしい」だったとしよう。部下は「レイアウトやデザインを見やすくすれば良いのだろう」と解釈したのかもしれない。しかし上司の意図が「結論が一目でわかるように、端的にすること」だったとしたら、両者の認識のズレは明らかだ。その結果「いや、そうじゃなくて」「思ってたのと違う」という状況に陥ってしまう。

報告の場面でも同様だ。丁寧に状況を説明したとしても、上司の真意は「状況の詳細説明」ではなく「根本課題の特定」や「次に取るべきアクションの提示」だったのかもしれない。このような真意を汲み取れずに冗長な説明を続けてしまうと「だから何?」「要はどういうこと?」と指摘されるのは避けられない。

本質的な意味を見抜くことは、上司・部下の関係だけでなく、あらゆるコミュニケーションの場面で誤解や摩擦を防ぐ鍵となる。

この力を身につけることができれば、表面的なやり取りにとどまらず、より深い信頼関係を築き、コミュニケーションの質を飛躍的に向上させることができるはずだ。

相手との関係を深められる　メリット2

本質的な「意味」を見抜く力は、単に誤解を防ぐだけでなく、人間関係を深め、信頼関係を築くうえでも欠かせない。この力を身につけることができれば、相手の言葉や行動に隠された「本当の意味」を理解し、表面的なやり取りを超えた深い共感やつながりを生み出すことができる。

たとえば、部下が「もう少し時間が欲しい」と発言した場合、表面的には「スケジュールを延ばしてほしい」という意味に思える。しかし、その背後にある本当の意味を探ると、実際には「サポートが欲しい」「期待に応えられるか不安」といった感情が隠れているのかもしれない。この背景を理解すれば、単に締め切りを延ばすだけでなく、部下に対する適切な支援を行うことで、信頼関係を深めることができる。

このように、言葉の表面だけでなく、その背景を見抜く力は、相手との関係をより豊かなものにする。相手の価値観や過去の経験、信念と照らし合わせて意味を理解すれば「察する」ことができるようになり、信頼に基づいた関係を築くことが可能になる。

交渉や調整を成功に導ける

メリット3

本質的な「意味」を見抜く力は、交渉や調整の場面でも重要な役割を果たす。なぜなら、相手の背景や真意を正確に理解することで、双方にとって有益な合意点を見つけることができるようになるからだ。

ビジネスの交渉では、単に相手の言葉をそのまま受け取るだけでは、真の合意を得ることは難しい。多くの場合、表面的な要求の背後には、より根本的なニーズや未解決の問題が隠れている。本質的な意味を見抜く力は、それらを見極めることで、単なる妥協ではなく、双方が納得し満足できる合意点を導き出すことができる。

たとえば、プロジェクトのスケジュール交渉の場面を考えてみよう。顧客が「納期を2週間前倒しにしてほしい」と要求している場合、その背景を探らずに応じるだけでは、早計にすぎる。この要求の背後には「なんとか今期の残予算で処理したい」という真意が隠されているかもしれない。

この背景を見抜ければ、一部の成果物を早期に納品することで今期の残予算を処理してもらう提案をすることも可能になる。

このような提案により、顧客は「残予算で処理する」という目的を果たし、自社は「計画通りにプロジェクトを進行する」という目的を達成できる。

この例が示すように、本質的な意味を見抜く力は単なるコミュニケーション能力の一部にとどまらない。それは、相手の真意を見極め、双方が納得できる解を導き出す力だ。

メリット4
リーダーシップを発揮できる

本質的な「意味」を見抜く力は、リーダーシップを発揮するうえで必要不可欠なスキルだ。なぜなら、一時的な変化やトレンドに一喜一憂するのではなく「それらの変化が何を意味しているのか?」を見抜くことで、将来に対するビジョンや戦略を描くことができるからだ。

たとえば、市場動向が急速に変化している状況を考えてみよう。表面的には売上データの変化や競合の動きが目立つが、その背後には「顧客の価値観の変化」や「技術革新がもたらす新しいライフスタイル」といった、より根本的な変化が潜んでいるかもしれない。

本質的な「意味」を見抜けるリーダーは、変化の意味を適切に解釈し、将来を先読みして先手を打つ戦略を描くことができる。

「本質的な意味を見抜く力」は、未来を切り拓き、組織やビジネスを次のステージに導くリーダーにとって欠かせないスキルだ。

本質的な「意味」を見抜くためのマインドセット

ここまでお読みになれば、情報が溢れる現代において、ただ単に情報を「消費」するだけでは不十分であることがご理解いただけたのではないだろうか？　真に重要なのは、膨大な情報の背後に隠された「本質的な意味」を見抜き、正確に判断する力だ。

では、どうすれば「本質的な意味」を見抜けるようになるのだろうか？ここからは、本質的な「意味」を見抜くための頭の使い方について解説していこう。

「本質的な意味を見抜く力」を身につけるためには、スキルやテクニックだけでなく、その土台となるマインドセットが必要不可欠だ。なぜなら、スキルや方法論はあくまで「手段」に過ぎず、その使い方や応用の仕方を左右するのは、物事に対する根本的な考え方や姿勢だからだ。

ここからは、本質的な「意味」を見抜くために欠かせないマインドセットについて解説していく。これらを意識することで、日々の思考や行動が大きく変わり、物事の本質をより深く理解できるようになるはずだ。

表面的な理解で満足しない　マインドセット1

マインドセットの1つ目は、物事を表面的な理解だけで終わらせない姿勢を持つことだ。

表面的な情報は、その背後に隠れている意図や背景を見えにくくしてしまうことが多い。これに気づかず、表面だけを受け取ってしまうと、重要なポイントを見落としやすくなるだけでなく、誤解や判断ミスを招く可能性も高まる。

では、表面的な理解に終わらせないためには、どうすればいいだろうか？　その第一歩として、常に次のような疑問を自分に問いかける習慣を持とう。

自問する問い：「相手はなぜ、この言葉を選んだのだろうか？」

「その背後にどのような意図や状況があるのだろうか？」

こうした問いを意識的に繰り返すことで、相手の言葉や行動の奥に潜む「本質的な意味」を探る習慣が身につく。

本質的な「意味」を見抜く力とは、単に目に見える情報を受け取るだけではなく、その裏側にある背景や真意を読み解く力だ。この力を磨くためには、目に映るものだけに満足せず、常に「その奥に何があるのか？」を探る姿勢を持つことが必要だ。

思い込みを避ける

マインドセット2

本質的な意味を見抜くためには、自分の思い込みや先入観を取り除くことが欠かせない。

人は誰しも、自分の経験や価値観を基に物事を解釈しがちだ。その結果、相手の意図や背景を正確に読み取れず、自分本位な解釈に陥ることがある。これが誤解やすれ違いを生む原因になる。

では、思い込みや先入観にとらわれないためにはどうすればよいのか。その第一歩は、次のような問いを自分に投げかけることだ。

自問する問い：「もしかすると、別の見方や解釈があるのでは？」

この問いを習慣化することで、自分が無意識のうちに抱いている先入観や固定観念に気づき、それを手放すことができるようになる。思い込みを排除することで、相手の考えや状況をより正確に理解できるようになり、コミュニケーションの質も大きく向上するはずだ。

背景や価値観に目を向ける　マインドセット3

本質的な「意味」を見抜くためには、相手に対する想像力が欠かせない。

言葉や行動の「意味」は、相手が置かれている状況や背景によって大きく変わる。たとえば、部門横断でメンバーが集まるプロジェクトでは、リーダーからの同じ指示であっても、所属部門によって解釈がまったく異なることがある。

「コスト削減」という指示一つをとっても、経理部門では固定費や無駄な支出の見直しを指す一方、営業部門では販売促進費の削減としてとらえられるかもしれない。このように、背景や視点の違いが解釈に影響を与えてしまう。

相手の背景を理解するためには、次のような問いを自分に投げかける習慣を持つとよい。

自問する問い：「相手は、背後にどのような事情を抱えているのか？」
「相手が大切にしている価値観や優先事項は何か？」

自分に対してこのような問いを投げかける習慣を持てれば、自分の物差しだけで判断せず、相手の立場や状況を理解しようとするマインドセットが養われる。相手の背景や価値観を尊重することで、誤解を防ぎ、より深い信頼関係を築くことができるようになるはずだ。

本質的な「意味」を見抜くための3ステップ

ここからは、本質的な意味を見抜くための頭の使い方の手順を解説していこう。人は誰しも、物事を見たり聞いたりしたときに、直感的に表面をとらえてわかった気になりがちだ。しかしそれでは、物事の本質的な意味や解釈にたどり着けない。

そこで、次の3つのステップ（図6）を実践することで、表面的な情報に惑わされることなく、物事の本質的な意味にたどり着けるようになる。

それでは一つずつ説明していこう。

図6　本質的な意味を見抜くための3ステップ

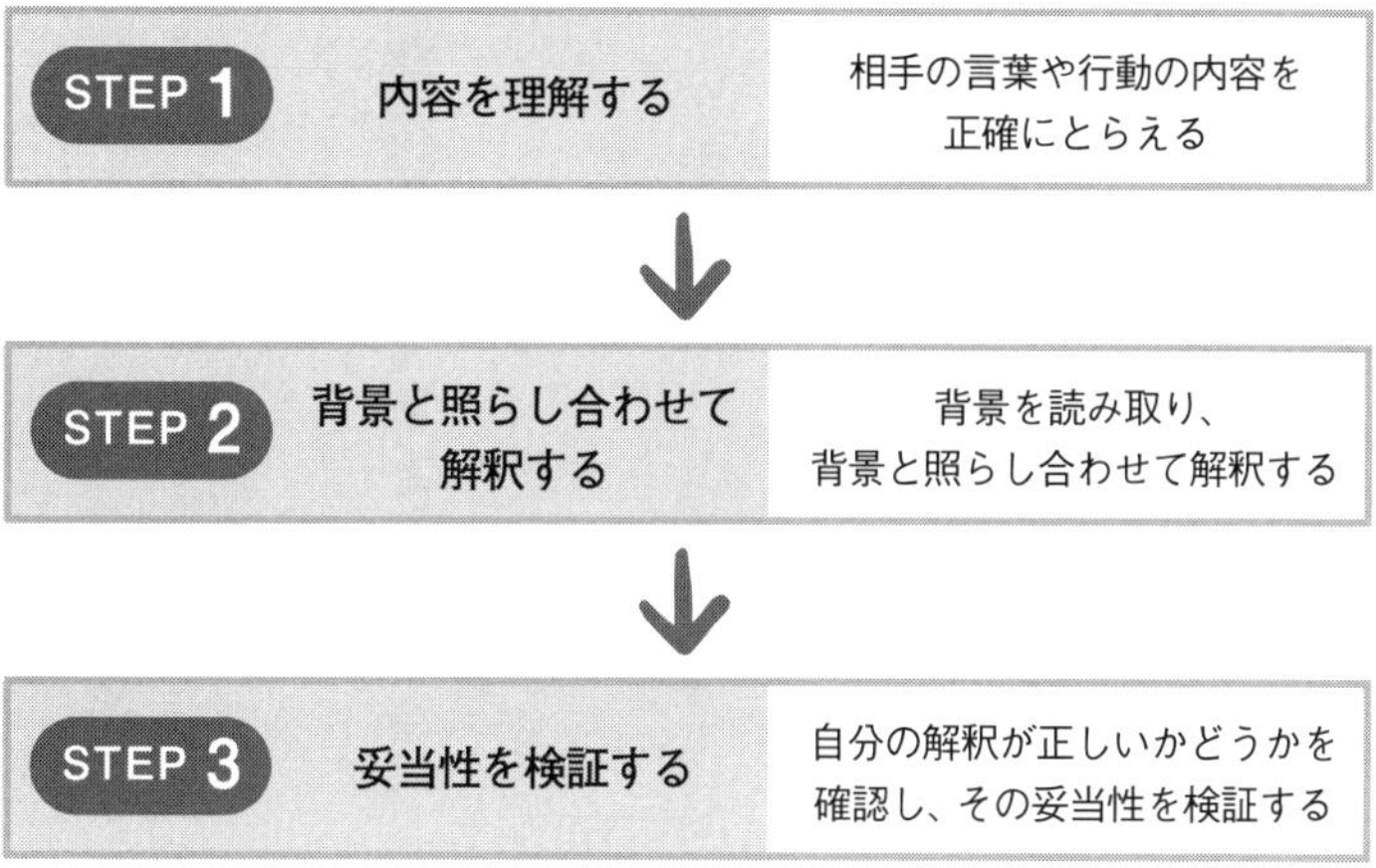

STEP 1	内容を理解する	相手の言葉や行動の内容を正確にとらえる
STEP 2	背景と照らし合わせて解釈する	背景を読み取り、背景と照らし合わせて解釈する
STEP 3	妥当性を検証する	自分の解釈が正しいかどうかを確認し、その妥当性を検証する

STEP 1　内容を理解する

本質的な意味を見抜くための第一歩は、相手の言葉や行動の内容を正確にとらえることだ。なぜなら、初めの段階で誤解や思い込みがあれば、その後に受け取る「意味」も大きくゆがんでしまうからだ。

このステップでは、自分の感情や先入観を挟まず、相手が伝えようとしている内容をそのまま正確に受け取ろう。

たとえば、部下が「期限内で終わらせるのはムリです」と発言したとき「ふざけるな！」と感情的に反応するのではなく、まずはその発言の内容を冷静に理解しよう。「どの部分が終わらないのか」「何が妨げになっているのか」など、具体的な情報を掘り下げることで、単なるあきらめの言葉ではなく、背景にある課題を正確に把握することができる。

この段階での注意点は、相手の言葉や行動を一方的に判断せず、あくまで「理解すること」を目的にすることだ。正確な理解こそが、本質に近づくための出発点となる。

STEP 2 背景と照らし合わせて解釈する

本質的な意味を見抜くうえで最も重要なステップが、「背景と照らし合わせて解釈する」段階だ。

物事の意味は、照らし合わせる背景によっていかようにも変わる。このステップでは「何がそうさせたのか？」という背景に目を向けよう。背後にある意図、感情、価値観に思いを巡らせることで、表面的な言葉だけではとらえきれない本質的な意味にたどり着くことができる。

たとえば「期限内で終わらせるのはムリです」という部下の言葉に対して、その背景には「タスク量が過剰で処理が追いつかない」「必要なリソースが不足している」といった状況があるのかもしれない。あるいは「自分の力量が足りてないのではないか」といった不安感や「これ以上の負担を強いられるのではないか」という疑心暗鬼が隠れているのかもしれない。

このステップが難しいのは、背景を正確に読み取るには観察力、洞察力、そして相手の立

図7　目を向けるべき7つの背景

1	見えない「意図」	● 人は結論だけを口に出し、その目的や意図は背後に隠れている場合が多い。
2	見えない「感情」	● 発言や行動には、表面には現れにくい感情が深く影響している場合がある。
3	見えない「価値観」	● 人の発言や行動には必ず価値観が反映されているが、多くの場合、明示的に語られることは少ない。
4	見えない「時間軸」	● 相手の発言や行動が短期的な視点に基づくものなのか、長期的な展望を見据えたものなのかによって、その意味合いは変わる。
5	見えない「レベル感」	● 相手の発言や行動が、具体的なレベルの話なのか、それとも「方針」や「戦略」など抽象度が高いレベルの話なのかを見極める。
6	見えない「関係性」	● 発言や行動は、その人が置かれている人間関係や権力構造に大きく影響される。
7	見えない「比較対象」	● 発言や行動には、本人が念頭に置いている比較対象が影響していることがある。

場に立つ想像力が必要だからだ。どれだけ深く「発言や行動の裏側」をとらえられるかが、本質的な意味を見抜き、的確な判断や対応をするための鍵となる。

そこで、あなたが本質的な意味を見抜く際の助けになるように、目を向けるべき7つの背景をまとめた（図7）。ぜひ参考にしながら、本質的な意味を見抜く力を身につけてほしい。

背景にある見えない「意図」と照らし合わせる　＊背景—

発言や行動には、必ずその背後に目的や意図が存在する。しかし人は結論だけを口に出し、その目的や意図は背後に隠れている場合が多い。

たとえば、取引先が「提案内容をもう少し精査したい」と言った場合を考えてみよう。この発言を文字通りにとらえると「提案条件に不満がある」「取引をためらっている」と感じるかもしれない。しかしその裏には「予算の承認を得るために条件を明確化したい」といった前向きな意図があるのかもしれない。

こうした意図を見抜くことができれば、発言を単なる否定的な意見として片付けるのではなく、適切に対応することが可能になる。具体的には「提案内容のどの部分を明確にすればよいか?」といった建設的な対話を通して、状況を前向きに進展させることができるだろう。

背景にある見えない「感情」と照らし合わせる　＊背景2

発言や行動には、表面には現れにくい感情が深く影響している場合がある。この感情を見抜くことは、相手の真意を理解し、適切な対応をするうえで欠かせない。

たとえば、部下が「この仕事は難しい」と言った場合、一見するとスキルや知識の不足を訴えているように聞こえる。しかし、その背後には「失敗したくない」という恐れや「自分には無理かもしれない」という不安感が隠れているのかもしれない。

このような感情を理解することができれば、単なる技術的なサポートだけでなく、精神的な安心感を与えたり、励ましを通じてモチベーションを高める対応が可能となる。

感情は、言葉や行動だけでは読み取りにくいものの、発言のトーンや状況を踏まえることで見えてくることがある。相手の感情を察する力を磨けば、相手の本当のニーズに応える対応ができるようになり、より深い信頼関係を築くことができるだろう。

背景にある見えない「価値観」と照らし合わせる　＊背景3

価値観とは、個人や組織が「何を大切にし、何を優先すべきと考えるか」を示す指針のことだ。人の発言や行動には必ず価値観が反映されているが、多くの場合、明示的に語られることは少ない。

たとえば、顧客が「もっとサポートを手厚くしてほしい」と言った場合、その背景にはどのような価値観が隠れているだろうか？

もし相手がスタートアップ企業なら、背景には「スピード重視」という価値観があって「もっとスピーディーな対応をしてほしい」と考えているのかもしれない。一方で、重厚長大企業なら「安心感重視」という価値観が隠れていて「もっとベテラン人員を増やしてほしい」と考えているのかもしれない。

このように、相手の価値観を見抜き、照らし合わせることができれば、相手の言動の裏側にある意図を正確に解釈できるようになる。

背景にある見えない「時間軸」と照らし合わせる　＊背景4

相手の発言や行動が短期的な視点に基づくものなのか、長期的な展望を見据えたものなのかによって、その意味合いは変わる。

たとえば、取引先から「予算を削減したい」と言われた場合、その意図は一見シンプルに思える。しかし、背景にある時間軸次第で、その真意は変わる。もしこの要求が「今期の利益確保を重視した短期的な判断」から来ているのであれば、短期的なコスト削減策を提案することになるだろう。

一方で「事業全体のコスト構造を変革したい」という長期的な展望に基づくものであれば、コスト削減に加え、より根本的な提案が求められるはずだ。

時間軸は、特にすれ違いが起きやすい。相手が想定する時間軸を正確に見極め、それに応じた対応を取ることで、短期的な成果だけでなく、長期的な関係性や価値創出につながる行動が取れるようになる。

背景にある見えない「レベル感」と照らし合わせる　＊背景5

相手の発言や行動が、具体的なレベルの話なのか、それとも「方針」や「戦略」など抽象度が高いレベルの話なのかを見極めることは重要だ。この「レベル感」を理解することで、適切な対応が可能になる。

たとえば、部下から「もっとリーダーシップを発揮してほしい」という要望が出た場合、それが「具体的な指示がほしい」のか「意義や目的を示してほしい」のかで、リーダーに求められる対応は大きく変わる。

前者であれば細かい手順や具体例を伝えることが求められ、後者であればプロジェクトの背景や目的、ゴールの説明が求められるだろう。

このように、言葉一つとっても、その「レベル感」次第で、意味合いは大きく変わる。この違いを見抜くことで、相手の発言の真の意味合いを理解できるようになる。

背景にある見えない「関係性」と照らし合わせる　＊背景6

発言や行動は、その人が置かれている人間関係や権力構造に大きく影響される。これらの背景と照らし合わせることで、表面的な言葉の裏に隠された本音や意図を見抜くことができる。

たとえば、同僚が「この提案には賛成です」と言った場合、一見すると純粋な賛成に思える。しかし、その背景に「上司に逆らいたくない」「周囲との衝突を避けたい」といった心理が働いている可能性もある。このように、周囲との関係性と照らし合わせれば、その発言が単なる建前なのか、それとも本音の意見なのかを見極める手がかりとなる。

「集団心理学」という学問が成立しているように、人は集団の関係性の中では、真意と異なる発言をする。もしあなたが見えない「関係性」を見抜ければ、その「真意」も見抜けるようになるはずだ。

背景にある見えない「比較対象」と照らし合わせる　＊背景7

発言や行動には、本人が念頭に置いている比較対象が影響していることがある。この比較対象を見抜くことで、発言の意図を正確に理解し、適切な対応ができるようになる。

たとえば、顧客が「このサービスは高い」と言った場合、その背景にはどのような比較対象があるのだろうか？　比較対象が「他社の類似サービス」であれば、競合との差別化ポイントを強調する必要があるかもしれない。一方「顧客自身の中にある相場感覚」が基準であれば「相場と比べて」という文脈で、提供する価値や長期的なメリットを説明することが効果的だ。

こうした比較対象を明確にすることで、相手の視点を理解し、それに応じた適切なアプローチを取ることができるようになる。

STEP 3　妥当性を検証する

「本質的な意味を見抜く」ための最後のステップは、自分の解釈が正しいかどうかを確認し、その妥当性を検証することだ。このステップを省いてしまうと、誤解やすれ違いが解消されないまま物事が進み、後に手戻りやトラブルを引き起こす可能性が高くなる。

確認を行う際には、具体的で明確な質問を投げかけることが効果的だ。解釈の余地を残す漠然とした質問ではなく、相手が答えやすい形で尋ねることで、より正確な情報を得ることができる。

もし相手に直接確認できない場合でも、断片的な情報から自分の解釈の妥当性を推測できる。手元にある断片的な情報をつなぎ合わせ、状況との整合性や一貫性を検証することで、解釈の精度を高めることができる。

この「妥当性を検証する」というステップを怠らなければ、自分の解釈と相手の意図を一致させることができる。その結果、不要な誤解を防ぎ、手戻りやミスリードを防ぐことができるはずだ。

第2 本質的な「原因」を見抜く力

世の中のあらゆる物事には、必ず原因が存在する。

地球温暖化の原因は、化石燃料の燃焼や森林の伐採だ。これらの原因が温室効果ガスの増加を招き、気温上昇という結果を引き起こしている。

犯罪率の増加の原因は、貧困や教育格差、地域コミュニティの崩壊などが原因なのはよく知られている。

会議が長引くのは、会議の目的が明確でない、参加人数が多すぎる、意思決定の基準が曖昧である、といった原因が考えられるだろう。

このように、目の前にあるあらゆる現象には、必ずそれを引き起こしたり、成り立たせたりする原因が存在する。

そして、原因と結果の間には、必ず因果関係が存在する。たとえば「雨が降った（原因）」→「道が濡れた（結果）」というように、結果は必ず原因によって引き起こされている。

本質的な原因を見抜くことができれば、物事を成り立たせる原因に直接アプローチすることで、問題を根本から解決することが可能になる。

「原因」とは何か？

ここであらためて「原因とは何か？」について考えてみよう。原因とは、ある結果を引き起こしている根本的な物事だ。

しかし、原因と結果の関係は必ずしも単純ではない。ある結果に対して複数の原因が絡み合っている場合も少なくない。それらを正確に理解できなければ、的外れな原因に対して対策を講じてしまうことにもなりかねない。

たとえば、プロジェクトの遅れが生じたとき、短絡的に「人員不足」という表面的な原因にとらわれてしまうと、問題の根本解決には至らない。

もしかしたら、その背後には「人員計画のずさんさ」があったのかもしれない。だとすれば、たとえ一時的に人員を増やしたとしても、それは対症療法に過ぎず、いずれ同じ問題が起こってしまう。根本的に原因を解決するためには、ずさんな人員計画そのものにメスをいれなければならない。

このように、本質的な原因を見抜くことができれば、問題を根本から解決し、再発を防ぐことができる。

本質的な「原因」を見抜くメリット

問題を根本解決できる

メリット1

問題を根本から解決するためには、その原因を正確に見抜くことが欠かせない。

先ほども触れたが、表面的な問題に場当たり的に対処するだけでは、根本的な解決には至らない。むしろ、新たな問題を引き起こしてしまうことすらありうる。

ここで、もう一つ例を出そう。たとえば、顧客クレームが増加したケースだ。「スタッフの態度が原因だ」と判断し、従業員向けに接客研修を実施したとしても、実際の原因が「製品の品質低下」にあった場合、この対策は効果を発揮せず、問題は解消されない。

それどころか、品質の低下が放置されることで、さらなるクレームや顧客離れを招いてしまうだろう。このような誤った対応は、時間や労力の浪費につながるだけでなく、事態を悪化させるリスクすら伴う。

もし本質的な原因を見抜くことができれば、問題の根本に対して適切な解決策を講じることができるようになる。

無駄な努力を防げる　メリット2

本質的な原因を見抜く力を身につければ、無駄な努力を防げるようになる。的外れな対策に労力を割いてしまうと、期待していた成果が得られないばかりか、結果として貴重な時間やコストを浪費するはめになりかねない。

たとえば、マーケティング施策の効果が上がらない原因を、短絡的に「広告不足」と判断し、広告費を増やしたケースを考えてみよう。真の原因が「製品とターゲットのミスマッチ」にある場合、いくら広告を増やしても結果は変わらない。むしろ、広告費と時間を無駄にするだけで終わってしまう。

本質的な原因を見抜ければ、限られた時間や予算を効果的に活用し、問題解決の精度とスピードを飛躍的に向上させることができる。適切な解決策をスピーディーに見いだせるため、無駄な努力を省きながら、成果を最大化できるのだ。

チームや組織の学びにつながる

メリット3

本質的な原因を見抜くプロセスは、それ自体が個人や組織にとって貴重な学びの機会になる。

たとえば、あるプロジェクトが失敗した場合、その原因を「事前のプロジェクト計画が不十分だった」と見抜くことで、次回から計画段階を強化する仕組みをつくることができる。そうすれば同じ失敗を繰り返さず、プロジェクトの成功率を着実に上げていくことができるだろう。こうした振り返りと改善は、組織全体のスキルを向上させるうえで極めて重要だ。

さらに、真の原因を見抜いていくプロセスそのものが、関係者全員にとって大きな学びの機会となる。問題の背後にある本質的な原因を掘り下げる経験は、メンバー一人ひとりの洞察力や分析力を高め、次なる挑戦に向けた成長を促す。

本質的な原因を見抜く力は、単なる対症療法的な解決策を超え、組織全体を「失敗から学び、進化するカルチャー」へと導く原動力になるのだ。

本質的な「原因」を見抜くためのマインドセット

本質的な原因を見抜くには、テクニックやスキルに頼るだけでは不十分だ。最も重要なのは、常に根本的な原因を追究しようとするマインドセットを持ち続けることだ。この姿勢こそが、複雑な問題の背後に隠れた核心をとらえ、効果的な解決策を導き出す土台となる。

表面的な理解で終わらせない　マインドセットー

問題が発生したとき、表面的な理解で満足せず「なぜこれが起きたのか」「その背景には何があるのか」を深掘りする習慣を持つことが、本質的な原因を見抜く第一歩だ。

たとえば、部門の業績が低迷している状況を考えてみよう。「部門の業績が低迷している」という表面的な現象だけを見て解決を急ぐのではなく「なぜ、部門の業績が低迷しているのか？」と自分に問いかけてみる習慣を身につけることが重要だ。その答えとして「メンバーのモチベーション不足」が原因である可能性が浮かび上がるかもしれない。

しかしそこで立ち止まらず「なぜ、メンバーのモチベーションが不足しているのか？」と深掘りを重ねることで、より根本的な原因が見えてくる。たとえば次の通りだ。

目標設定の曖昧さ：部門目標が曖昧で、個々のメンバーが自分の役割や貢献を実感できていない。

評価基準の不透明さ：業績評価の基準が不透明で、メンバーが正当に評価されていないと感じている。

リソースやスキルの不足：メンバーが業務に対して無力感を抱き、意欲を失っている。

このように「なぜ」を問い続ける習慣を持つことで、問題の背後にある本質的な原因を浮き彫りにできる。

自問する問い：「なぜ、この問題が起きたのか？」
「この問題の背景にある根本原因は何か？」

先入観や思い込みを取り除く　マインドセット2

自分の経験や感覚に基づいた思い込みは、あなたの目を曇らせ、根本的な原因を見抜く妨げとなる。問題に直面した際は「きっとこれが原因だろう」と早合点せず、事実に基づいて判断する客観性を保とう。

たとえば、営業部門の成績が下がっている場合に「営業部門の士気が低いからだ」と決めつけてしまうことは、よくある。しかし、その原因は本当に真実だろうか？　問題の根本原因を見誤れば、どれだけ対策を講じても問題は解決しないことを肝に銘じよう。
次のような問いを自分に投げかければ、先入観を取り除く習慣を身につけることができる。

自問する問い：「自分の判断は、事実に基づいているだろうか？」
「自分の先入観が、この解釈に影響を与えていないだろうか？」

こうした問いを通じて、常に自分の判断を点検する姿勢を持てれば、より客観的に問題の原因を突き止めることができる。
思い込みを排除する習慣を持つことは、客観的な視点を持つための第一歩だ。それによって、問題の背後にある本質的な原因を見抜き、効果的な解決策を講じることができるようになる。思考を偏らせず、客観性を持ち続ける姿勢が、真実に近づく鍵となる。

別の可能性にも目を向ける マインドセット3

本質的な原因を見抜くためには、問題の原因を一つに絞り込むのではなく「他にも可能性があるかもしれない」と広く考える柔軟性が必要だ。なぜなら、問題の根本原因は複合的である場合も多く、一つの根本原因を突き止めたとしても、解決に至らない場合もあるからだ。

今、自分が想定している原因が間違っている可能性を常に念頭に置き、他の視点を探る姿勢を持っておこう。次のような問いを自分に投げかけることで、一つの視点にとらわれず、別の可能性にも目を向けることができる。

自問する問い：「別の原因があるとすれば、それは何か？」

たとえば、プロジェクトの進行が遅れているケースを考えてみよう。「チームメンバーのスキルセットが足りない」という根本原因を見抜いたとしても、それだけでは足りない。なぜなら、根本原因は一つとは限らないからだ。

ここで思考を止めずに「別の原因があるとすれば何か？」と自分に問いかけてみよう。この問いかけによって、次のような可能性が浮かび上がるかもしれない。

- そもそもプロジェクトのスケジュール計画自体が非現実的だった。
- 特定のメンバーに負荷が集中し、そのメンバーがボトルネックになっていた。
- 予測できなかった突発要因がプロジェクトの進行に影響を与えていた。

このように別の可能性にも目を向けることで、より効果的な問題解決が可能になる。たとえば、特定のメンバーに負荷が集中し、そのメンバーがボトルネックになっていることを根本原因として見抜ければ、他のメンバーに負荷を分散させることが可能になる。

重要なのは、たとえ根本原因を見抜いたとしても、それだけを鵜呑《うの》みにせず「他の可能性はないか？」と問い続ける姿勢を持つことだ。複数の視点を取り入れ、別の可能性を考慮することで問題解決の幅が広がり、より効果的な解決策を見つけることができるようになる。

本質的な「原因」を見抜くための5ステップ

本質的な原因を見抜くうえで欠かせないマインドセットを理解できたら、ここからは頭の使い方の手順について解説していこう。この手順を丁寧にたどれば、物事を成り立たせている本質的な原因にたどり着けるはずだ（図8）。

STEP 1　事実を正確に把握する

本質的な原因を見抜くために最初に行うべきことは、印象や先入観にとらわれることなく、目の前の物事を正確に把握することだ。表面的な印象で思考をスタートさせると、その後の

図8　本質的な原因を見抜くための5ステップ

STEP 1	事実を正確に把握する	印象や先入観にとらわれることなく、目の前の物事を正確に把握する
STEP 2	繰り返し「なぜ？」を考える	その問題がなぜ生じたのかを深く掘り下げていく
STEP 3	「他に原因はないか？」を考える	視点を変えながら、他に考えられる原因にも目を向ける
STEP 4	原因と結果の因果関係を整理する	因果関係を明確にし、問題がどのように連鎖して発生しているのかを明らかにする
STEP 5	本質的な原因を特定する	結果に最も大きな影響を与えている「本質的な原因」を特定する

ステップが誤った方向に進む。ポイントは「何が起きているのか?」を客観的に理解することだ。

たとえば、製品の売上が落ちている場合、多くの人は「なぜ売上が落ちているのか」と原因に目を向けてしまいがちだ。しかしまずは「どの製品が、どの期間で、どの程度売上が落ちているのか?」、あるいは「どの市場や顧客層で変化が見られるのか?」「競合の動向や市場全体の状況はどうなっているのか?」など、多角的な視点で事実を整理する必要がある。

こうしたプロセスを経ることで、単なる印象や先入観に惑わされず、問題の全体像を浮かび上がらせることができる。その結果、次の段階で原因を見抜く際に、より正確で納得感のある結論を導き出せるのだ。

STEP2 繰り返し「なぜ?」を考える

事実を正確に把握した後は、その問題がなぜ生じたのかを深く掘り下げていく。一度の「なぜ?」で満足せず、繰り返し「なぜ?」を問いかけることで、表面的な現象の裏側に潜む本質的な原因を探り当てることができる。

たとえば、製品の売上が落ちている状況を考えてみよう。表面的な原因として「競合製品が価格を下げたから」と結論づけるのは簡単だ。しかしこの時点で「なぜ?」をやめてしまうと「自社も価格を下げる」という対症療法的な対策にとどまり、根本的な問題解決には至らない。

　ここで次に考えるべきは「なぜ競合製品の価格は安いのか？」だ。この問いを深掘りすることで「競合企業がコスト削減に成功したから」という答えに行き着くかもしれない。さらに「なぜ競合企業はコスト削減に成功したのか？」と問い続けてみよう。「競合企業が大規模な生産設備を導入して生産効率を高めたから」「スケールメリットを生かした原材料調達を行った」など、さらに奥深くの原因が明らかになる。

　このように「なぜ？」を繰り返すことで、問題の本質が段階的に明らかになっていく。そして根本的な原因が「規模の差を活かしたコスト削減」にあるとわかれば、自社が価格を下げても競争に勝てない現実が見えてくるだろう。だとすれば「製品の付加価値を上げる」「ブランド力を上げる」「価格以外の訴求点を見いだす」など、別の解決策が必要になることがわかってくる。

　このように、何度も「なぜ？」を繰り返していくと、本質的な原因にたどり着ける。そこに至って初めて、単なる対症療法ではなく、根本的な解決策を導き出すことが可能になるのだ。

STEP 3　「他に原因はないか？」を考える

問題を解決する際、一つの視点だけで原因を掘り下げていくのは危険だ。視点を変えながら、他に考えられる原因にも目を向けることで見落としを防ぐことができる。ポイントは「見過ごしている別の原因はないか？」を問いかけ、複数の視点で問題を再評価することだ。

たとえば、製品の売上が低迷している場合「広告効果が低いのが原因だ」と早合点するのではなく、別の可能性に目を向けてみよう。次のような視点が浮かび上がるかもしれない。

商品自体の課題：製品の機能やデザインが、顧客ニーズに合っていない可能性。
価格戦略の問題：競合製品との価格差が購買意欲に影響を与えている可能性。
流通チャネルの不備：主要な販売ルートが適切に機能しておらず、製品が顧客に届いていない可能性。

異なる視点を取り入れることで、見落としがちな原因を発見しやすくなる。たとえば、顧客ニーズを再調査した結果「製品のバリエーションが不足している」ことが原因だと明らかになった場合、新たなラインナップを導入するなど、具体的な改善策が見えてくる。

一つの仮説に固執せず、さまざまな可能性に目を向ける姿勢は、根本原因を見抜くうえで欠かせない。視点を広げる習慣を身につけることで、根本原因の特定を助けるだけでなく、チームや組織の問題解決力をも高めるのだ。

STEP 4　原因と結果の因果関係を整理する

次に取り組むべきは、それぞれの原因がどのように結果を引き起こしているのか、因果関係を整理することだ。因果関係を明確にすることで、問題がどのように連鎖して発生しているのかが明らかになり、効果的な解決策を導き出す手がかりが得られる。

たとえば、製品の売上が低迷している場合、次のように因果関係を整理すると、問題の全体像と連鎖が見えてくる（図9）。

このように因果関係を明らかにすることで、どのポイントに対策を講じれば問題解決に効果的かが見えてくる。このケースでは、たとえば「顧客ニーズを正確に反映したプロモーションメッセージを作成する」ことが、広告効果を高め、競合製品への顧客流出を防ぐ施策として有効だと考えられる。

因果関係を整理することで、部分的な対処に終わらず、問題の連鎖を断ち切るような包括的な解決策をとることが可能になる。このステップは、問題解決の道筋を明確にし、根本原因に向けた適切なアクションを選び取るうえでも重要なステップだ。

STEP 5　本質的な原因を特定する

図9　因果関係を整理する

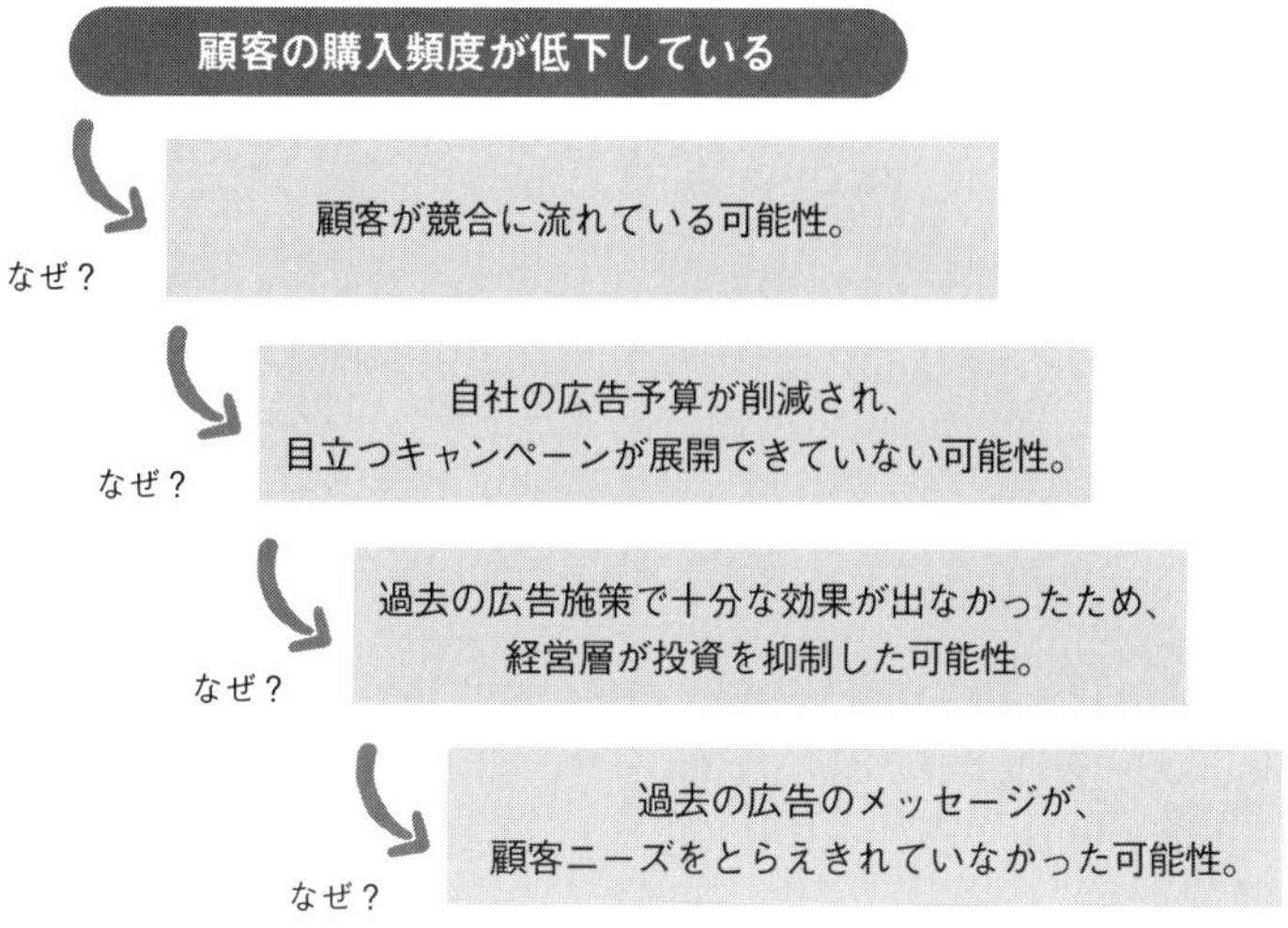
顧客の購入頻度が低下している
顧客が競合に流れている可能性。
なぜ？
自社の広告予算が削減され、
目立つキャンペーンが展開できていない可能性。
なぜ？
過去の広告施策で十分な効果が出なかったため、
経営層が投資を抑制した可能性。
なぜ？
過去の広告のメッセージが、
顧客ニーズをとらえきれていなかった可能性。
なぜ？

最後のステップは、これまでに洗い出した原因の中から、結果に最も大きな影響を与えている「本質的な原因」を特定しよう。この原因を取り除くことで、問題の再発を防ぎ、持続的な改善に結びつく。

本質的な原因を見極める際には、次のような問いを自分に投げかけると効果的だ。

「この原因を解消すれば、どのような変化が起きるだろうか？」
↓解消した場合の影響を想像することで、優先度を判断する手がかりになる。
「この原因が、他の原因よりも大きく影響しているだろうか？」
↓原因同士の関連性や重要度を比較することで、真の根本原因を特定できる。

たとえば、製品の売上低迷について考える場合、広告予算を増やすことは短期的な改善策として一定の効果をもたらすかもしれない。しかし、本質的な原因が「広告メッセージが顧客ニーズをとらえていない」ことであると判明すれば、話は変わる。

この場合、広告の方向性を根本から見直し、顧客の心に響く適切なメッセージを作成することが、長期的な売上回復につながる効果的な対策となる。広告予算を増やすだけでは解決できなかった問題も、正しい原因を特定することで本質的な改善が可能になるのだ。

第3 本質的な「目的」を見抜く力

世の中のあらゆる物事に原因が存在するように、必ず目的も存在する。「原因」と「目的」は、時間軸における役割の違いで区別できる。原因は過去に起きた出来事を指し、それが現在の結果を引き起こしている。一方、目的は未来に向けた指針であり、現在から未来に向かって何を成し遂げるのか？ という意図を示すものだ（図10）。

たとえば、社員研修の効果が出ていないケースを考えてみよう。原因を探ると「参加者の業務との関連性が薄い研修内容だった」という理由が浮かび上がるかもしれない。これは過去の出来事に基づいた「原因」の話だ。

しかし、この問題を解決し、成果を上げるためには、未来に向けた「目的」を明確にする必要がある。この場合「研修内容を業務に直結させ、参加者のスキル向上を図る」ことが目的にあたる。目的を定めることで、単なる問題の解消にとどまらず、具体的な行動方針と目指すべき成果が明確になる。

図10　「原因」と「目的」の時間軸

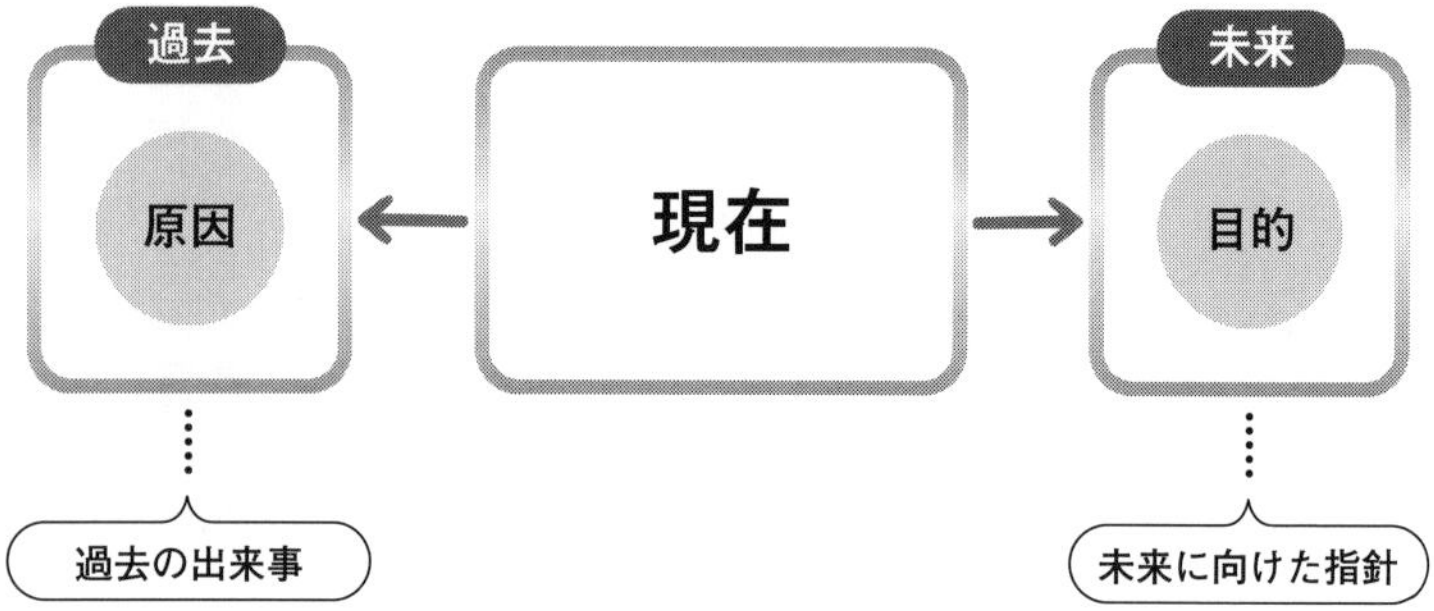

別の言い方をすれば、目的とは行動の理由であり、目標に向かうための道しるべだ。

「目的」とは何か？

ここでいったん「目的とは何か？」について振り返ってみよう。目的とは、行動や取り組みの「進むべき方向」を指し示すものだ。

目標とは異なり「なぜそれをするのか」という意義を明確にし、日々の行動を単なる作業ではなく、その先のビジョンへとつなげる役割を果たす。

たとえば「顧客に革新的な価値を提供する」という目的を掲げている企業であれば、営業部門、製品開発部門、サポート部門といったそれぞれの部門が、その目的に基づいて行動するは

図11　目的と目標

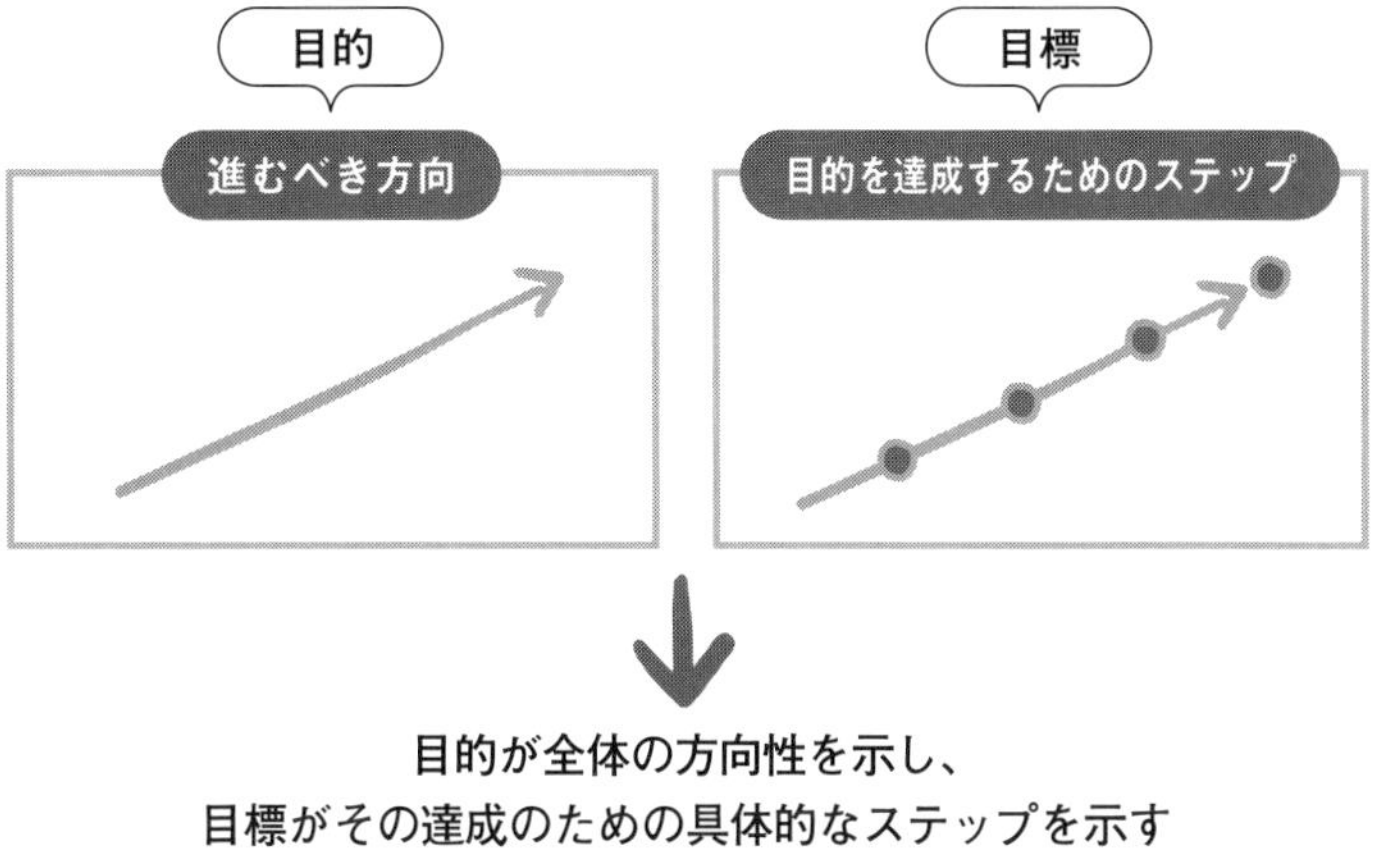
目的
進むべき方向
目標
目的を達成するためのステップ
目的が全体の方向性を示し、
目標がその達成のための具体的なステップを示す

ずだ。その結果、全社的に一貫性のある取り組みができるようになり、目的に向けた成果を生み出しやすくなる。

さらに、目的が明確であれば、自分たちの行動がどのような価値を生み出し、全体のビジョンにどう貢献しているのかを理解しやすくなる。困難にぶつかったときにも、目的に立ち返ることができ、軸を失わないための重要な支えとなる。

このように目的は行動の方向性を定め、意義を見いだし、行動に一貫性をもたらす羅針盤のような存在なのだ。

ここで、よく混同しやすい「目標」との違いにも触れておこう（図11）。

目的と目標は、どちらも行動を導くために欠かせないが、それぞれの役割は異なる。

目的とは「何のためにこれをするのか？」と

いう問いに答えるものであり、行動の根本的な意義を示すものだ。先ほどの「顧客に革新的な価値を提供する」というのは目的にあたる。

一方、目標は目的を達成するための具体的なステップであり、その達成水準を数値や状態で明確に示したマイルストーンだ。目標は測定可能であることから行動の進捗を確認し、成果を評価する手段としての役割を果たす。たとえば「革新的な次世代製品を1年以内に開発・販売する」というのが目標にあたる。

目的と目標の関係は深く、どちらが欠けても機能しない。目的がなければ目標は単なる数値に過ぎず、その数値を追う意義を失う。たとえ「次世代製品を1年以内に開発・販売する」という目標があっても、その背後に「顧客に革新的な価値を提供する」という目的がなければ、なぜその製品を開発するのかが不明確になり、目標に意義を見いだせなくなる。

逆に、目標がなければ目的は実現できない。目的だけでは抽象的すぎて具体的な行動に落とし込めず、進捗や成果を測ることができない。「顧客に革新的な価値を提供する」という目的があるだけでは、具体的に何をすれば良いのかがわからず、途方にくれてしまうだろう。

つまり、目的と目標は互いに補い合う関係にある。目的が全体の方向性を示し、目標がその達成のための具体的なステップを示す。この2つをバランスよく設定することで、行動に意義を持たせ、成果を上げることが可能になるのだ。

本質的な「目的」を見抜くメリット

チームの方向性を明確にできる　メリット1

目的が曖昧なままでは、チームが進むべき方向性は見えなくなり、混乱を招きやすくなる。

たとえば、業務進捗会議について考えてみよう。「開催すること」自体が目的化してしまうのは「あるある」だろう。これはサッカーに例えれば「サッカーの目的は蹴ること」と言っているのと同じで、典型的な「手段の目的化」だ。

本来、業務進捗会議の目的は「業務の進捗状況を確認し、必要な意思決定を行うこと」にある。会議自体はその目的を達成するための手段に過ぎない。しかし、目的を見失うと次のような問題が発生しやすい。

- 共有事項がない場合でも会議が開催され、時間が浪費される。
- 参加者が形式的な会議に疑問を抱き、モチベーションが低下する。

結果として会議への関心が薄れ、参加者が徐々にフェードアウトするという現象が起きてしまう。

一方で、目的が明確であれば、関係者全員が共通認識を持ち、一貫した行動を取れるようになる。目的がはっきりしていることで、毎回の会議に意義が生まれ、形骸化を防ぎ、全員が納得できる意思決定が可能になる。

目的を見抜く力は、組織の混乱や停滞を防ぎ、全員が同じ方向に進むための原動力だ。本質的な目的を常に意識し、一つひとつの行動を目的に結びつけることで、チームのパフォーマンスは向上するはずだ。

効果的な資源配分ができる

メリット2

目的が曖昧だと、一人ひとりが別の方向を向いてしまう。その結果、時間や予算、労力が分散し、組織全体で一丸となって成果を上げることが難しくなる。真の目的を見抜き、それを基準に行動を合わせていくことができれば、組織や個人の能力を最大限に引き出すことができる。

先ほども触れた通り、目的を見失うと手段が目的化してしまう。たとえば、ある部署で顧客満足度の向上を目的として導入した顧客管理ツールが、運用そのものが優先されるようになり「顧客情報を正確に入力すること」が主目的のようになってしまうことがある。このような状況では、次のような問題が発生する。

●入力作業が優先されることで顧客対応のスピードが遅れ、顧客満足度が低下する。
●入力作業に多くの時間を割き、本来注力すべき顧客対応が手薄になる。
●その結果、本来求めていた「顧客満足度の向上」と逆行した結果となる。

このようなケースでは「顧客満足を向上させる」という本来の目的を再確認し、手段と目的の関係を整理し直す必要がある。本来の目的を基に、次のような対策を講じることで、時間や予算、労力の配分を見直すことが可能だ。

作業負担の軽減：顧客管理ツールの入力項目を削減し、作業時間を短縮する。
利便性の向上：顧客管理ツールの使い勝手を向上させる。
評価項目の見直し：顧客対応の質の向上を測る指標を重視する。

このように、目的を正しく見極めることで、時間や労力を最も効果的な場所に集中させることができる。ツール運用にかける時間をできるだけ短くし、直接的な顧客対応の時間を増やすことで、満足度の向上やリピート率の増加といった本来の目的に沿った成果を得られる。

目的が明確であれば、チームが共通の目標に向かって一丸となることができる。組織内の優先順位が整理され、効果的な資源配分が実現するだけでなく、各メンバーが自身の行動の意義を感じられるようにもなるはずだ。

真の目的を見抜く力は、リソースを最大限に活用し、組織全体の効率と成果を向上させるための土台となる。

チームのモチベーションを高める　メリット3

目的が共有されているチームでは、各メンバーが自身の仕事の意義を実感しやすくなる。その結果、仕事に対する熱意や主体性が高まり、チーム全体のパフォーマンスが上がる。

人は、自分の仕事が「何のためにすべきなのか」を理解できたときにこそ、やりがいを感じるものだ。反対に目的が曖昧な状態では、日々の業務が単なる作業の繰り返しになり、メンバーのモチベーションは低下しやすい。

この重要性を象徴するエピソードとして「レンガと大聖堂の話」がある。ある工事現場でレンガを積む職人たちに「何をしているのですか？」と質問したところ、次のような答えが返ってきたという。

●一人目の職人は「レンガを積んでいます」と答えた。
●二人目の職人は「家族を養うために働いています」と答えた。
●三人目の職人は「世界中の人々を救うために、大聖堂を建てています」と答えた。

同じ仕事をしていても、答えに含まれる目的意識の強さはまったく異なる。この例からもわかるように、目的を明確にし、それをメンバーに共有することが、チーム全体のモチベーションに大きく影響を与える。

これにより、次のような効果が期待できる。

●「自分の仕事がどのように価値を生んでいるか」を理解し、充実感を得られる。
●メンバー間で共通の目的意識が生まれ、相互理解と連携が深まる。
●自分の役割を目的達成に不可欠な要素と認識し、主体的な行動が促される。

本質的な目的を見抜き、チーム全員で共有することは、単にモチベーションを高めるだけではない。それは、チームや組織に活力をもたらし、高い成果を目指して一丸となる原動力となる。仕事に込められた意義が明確であればあるほど、チームはより強い結束力を発揮し、大きな目標に向かって進むことができるのだ。

本質的な「目的」を見抜くためのマインドセット

「最終的なゴール」を意識するマインドセット―

人はつい目先の目標にとらわれ、その先にある本来の目的を見失いがちだ。しかし、常に「最終的な目的」に目を向けるマインドセットを持つことは、短期的な成果や目の前の課題に左右されず、一貫性を保ちながら進むために欠かせない。

本質的な目的が明確であれば、日々の業務が単なる作業に終わらず、その先の目的に向けた一歩であることを実感できるようになる。これにより、目先の目標に固執せず、それらを最終的なゴールに結びつけた形で達成することが可能になる。

さらに、困難な状況や予期せぬ障害に直面したとしても、本質的な目的を再確認することで、進むべき道を見失わずに軌道修正ができるようになる。目的は、行動に方向性を与える羅針盤であり、たとえ環境が変化しても、自分の軸を守るための指針だ。

次のような問いを自分に投げかけることで、常に最終的な目的を意識することができる。

自問する問い：「この行動の本来の目的は何だろうか？」
「この行動は、本来の目的にどのようにつながっているだろうか？」

目の前の作業が、本質的な目的にどうつながるのかを意識することで、自らの行動の意義を確認できる。

この問いを習慣にすることで、日々の行動が単なる作業に終わるのではなく、最終的な目的に向けた意味のある一歩に変わる。こうした思考を続けることで、短期的な目標と長期的な目的を調和させ、ブレない軸を持った行動が可能になるはずだ。

手段の目的化に気を付ける　マインドセット2

人は、つい目先の目標に目を奪われ、その先にある本来の目的を見失いがちだ。しかしそれが「手段の目的化」を生んでしまう。

たとえば、健康経営を目的とした「社内フィットネスプログラム」を考えてみよう。

このプログラムの目的は「従業員の健康意識を高め、病気予防や生産性向上につなげること」だ。しかし、目先の目標に目を奪われてしまうと、単に参加者数を増やすための形だけのプログラムが実施されるようになる。

その結果、社員は忙しい中でフィットネスプログラムの参加を強制される形となり、不満が増えるだろう。最終的にはプログラムが形骸化し、健康意識の向上や業績改善という本来の目的から遠ざかっていく。

手段が目的化するのを防ぐには、次のような問いを自分に投げかけ、行動の意味を常に見直すことが重要だ。

自問する問い：「もし、自分が目的だと思っているものが手段に過ぎないとしたら、その先にある本来の目的は何か？」

手段の目的化を防ぐためには、常に自分の行動が「本来の目的」に結びついているかを確認し、手段と目的を明確に区別するマインドセットを持つことだ。

組織の共通認識をつくる姿勢を持つ　マインドセット3

本質的な目的を見抜くことは重要だが、それだけでは不十分だ。たとえあなたが本質的な目的を理解していたとしても、それをチームメンバーに共有できていなければ、結局は各自が矛盾した行動を取ってしまい、部分最適に陥ってしまう。これを防ぐためには、全員が本質的な目的を共有し、同じ方向を目指すことが欠かせない。

本質的な目的がチーム全体で共有されていると、部門間の調整がスムーズになり、連携の質が飛躍的にあがる。また、個々のチームメンバーが自分の役割を「全体の目的の中の一部」として認識できるようになり、自分の仕事がどのように価値を生むのかが明確になる。これにより、メンバーの主体性や責任感が高まり、チーム全体のパフォーマンスが向上する。

このような共通認識を形づくるには、次のような問いを自分に投げかけることが有効だ。

自問する問い：「本質的な目的を共有するために、今のコミュニケーションに足りないものは何だろうか？」

共通認識をつくり上げるプロセスは、チームメンバーの結束を強めるだけでなく、スムーズな意思決定ややる気向上にもつながる。

重要なのは、本質的な目的をただ理解するだけで満足せず、それをチームメンバー全員に伝え、行動に落とし込むことだ。このプロセスを経て初めて、チーム全体が一丸となり、一貫性のある成果を生み出せるようになるのだ。

本質的な「目的」を見抜くための3ステップ

ここからは、本質的な目的を見抜くための具体的な頭の使い方として、3つのステップを紹介する（図12）。このステップをたどることで、目の前の状況の先にある真の目的を見極めることができるようになるはずだ。

STEP 1　繰り返し「何のために？」を考える

本質的な目的を見抜く最初のステップは、繰り返し「何のために？」を自分に問うことだ。

人は問題に直面すると「なぜこの問題が起きたのか？」と原因を探ろうとする。この「なぜ？」という問いは、本質的な原因を特定し、解決策を導くうえでは有効だ。しかし、その問いが原因究明だけで終わると、目の前の課題を解決することに集中しすぎてしまい、その先にある本来の目的を見失うリスクを伴う。

一方で「何のために、その問題を解決するのか？」と問うことができれば、思考は単なる原因探しにとどまらず、未来に向けた目的の実現に向かうだろう。

図12　本質的な目的を見抜くための3ステップ

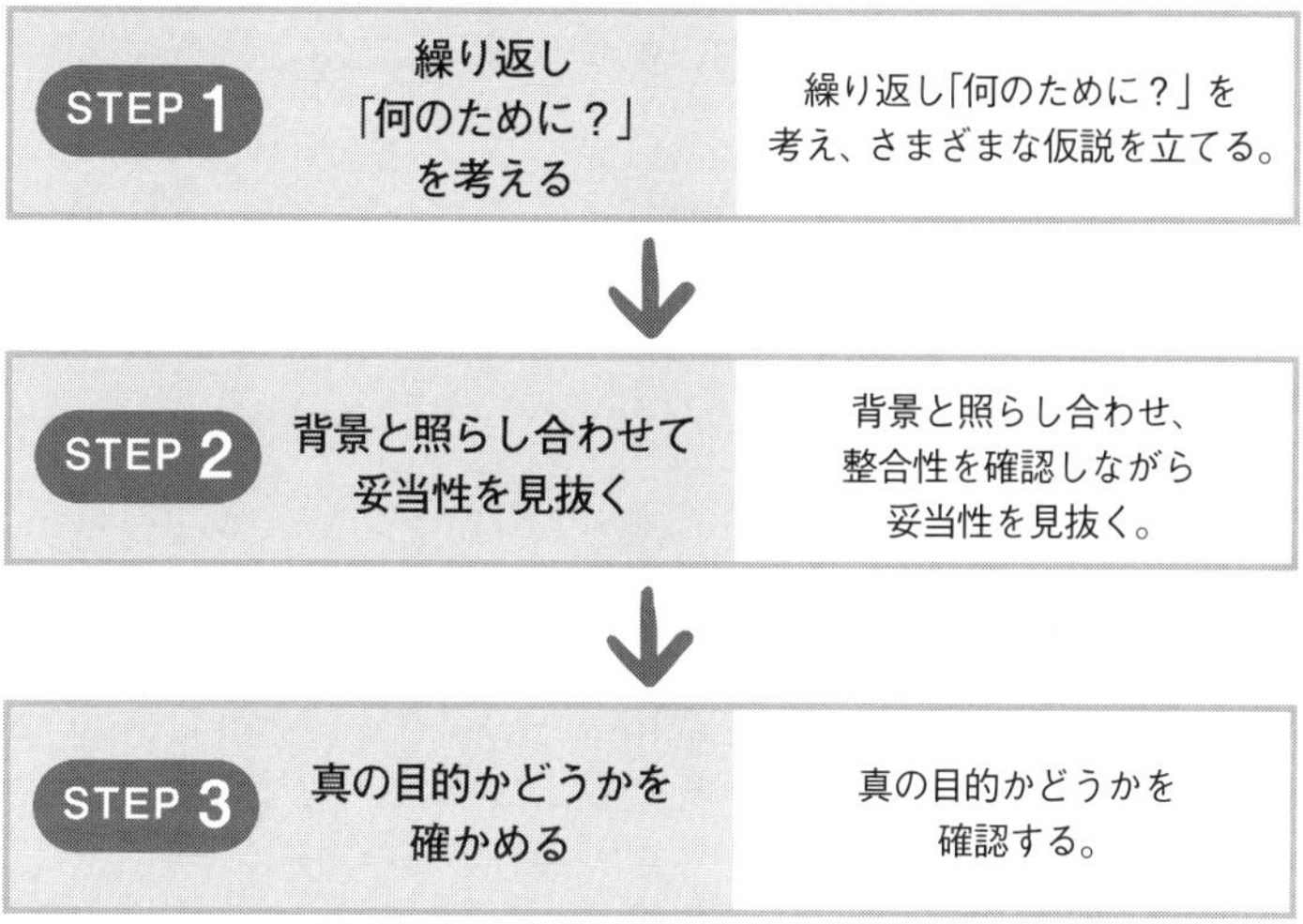
STEP 1
繰り返し「何のために？」を考える
繰り返し「何のために？」を考え、さまざまな仮説を立てる。
STEP 2
背景と照らし合わせて妥当性を見抜く
背景と照らし合わせ、整合性を確認しながら妥当性を見抜く。
STEP 3
真の目的かどうかを確かめる
真の目的かどうかを確認する。

前述したように「もし、今自分が目的だと思っていることが手段に過ぎないとしたら？」と自問することで、目先の目標や作業に縛られることなく、その先にある目的に意識を向けることができる。より広い視野で行動の意義を見つけ出すことができるようになり、進むべき方向を見誤らなくなるはずだ。

たとえば、あなたが上司から「新規事業開発の他社事例を、資料としてまとめてくれ」と頼まれたとしよう。もちろん「資料をまとめること」自体は手段であって、真の目的ではないはずだ。

だとすれば、あなたが考えるべきは「何のために、新規事業開発の他社事例をまとめることになったのか？」という、資料づくりの先にある「本来の目的」

だ。

最も考えやすいのは「自社で新規事業を立ち上げるため」だろう。だとすれば、あなたがまとめる資料には他社の事例を含め、成功要因やリスク要因を分析することが必要になるだろう。さらに新規事業開発プロセスや組織体制、資金調達方法、市場開拓の方法など「自社で応用可能なポイント」も添えておくと親切だ。

そしてここで思考をとどめずに「何のために？」という問いを繰り返し、その先の真の目的を探っていこう。たとえば次のような目的が挙げられるだろう。

●既存事業以外に収益源を多様化するため。

さらに「他に可能性はないか？」と問いかけて、他の可能性にも目を向けてみよう。すると、次のような目的がありうることにも気がつけるはずだ。

●新規事業を立ち上げて、既存事業とのシナジーをつくり、既存事業の競争力を高めるため。
●新規事業開発の取り組みを通して、保守的な組織文化をイノベーティブな組織文化に変えるため。

このように「何のために？」「他に可能性はないか？」を繰り返し考えることで、本質的な目的に対して、さまざまな仮説を立てることが可能になる。

STEP 2 背景と照らし合わせて妥当性を見抜く

「本質的な目的」の仮説を立てることができたら、続いては背景と照らし合わせることで、その妥当性を見極めるステップだ。

まずは「新規事業を立ち上げて、既存事業以外に収益源を多様化するため」という目的について考えてみよう。もしその目的がありうるとしたら、背景には「既存事業の市場が飽和状態にあり、今後の成長が見込めない」という理由が存在しているはずだ。

一方で「保守的な組織文化をイノベーティブな組織文化に変えるため」だとしたら、既存事業そのものは順調であるものの、その背景に採用活動の低迷や従業員エンゲージメントの低下、あるいは離職の増加という事実があるのかもしれない。

このように真の目的は、その「背景」と照らし合わせることで初めて、その妥当性を検証できるようになる。

STEP 3 真の目的かどうかを確かめる

ここまでたどり着いたら、上司に「資料をまとめる目的」について、確認を取ろう。

このプロセスをおろそかにしてしまうと、作業の方向性がブレたり、結果として時間や労力を無駄にしてしまうリスクがある。だからこそ「真の目的」を確認することが重要だ。

上司から資料作成を頼まれた際に「その真の目的は何ですか？」とストレートに聞いてしまうと角が立つ。しかし、そのときの上司との会話の中で、あなたなりに「真の目的」の仮説を立てて、

「今回の資料作成の目的は、収益源の多様化に向けて、新規事業を立ち上げるため、という理解でよろしいでしょうか？」

と質問を投げかければ、上司は「そうだ、それが目的だ」と答えてくれるかもしれない。仮に仮説が少し違っていたとしても、「いや、それもあるが、実はこういう意図もあって……」と、真の目的について話してくれるきっかけをつくることができる。

このように、上司が言語化できていない「真の目的」を先回りして考え、こちらから投げかけることができれば、あなたは「一を聞いて十を理解する部下」として信頼され、チームの中での存在感を高めることができるはずだ。

第4 本質的な「特性」を見抜く力

世の中のあらゆる物事には、それらを特徴づける「特性」や「力学」が存在する。たとえば、火が持つ「熱を放つ」という特性は、エネルギー源として利用され、社会の発展を支える役割を果たしている。木材が「加工しやすい」という特性は、家具や建築材料として多くの用途に適している。

このように、本質的な「特性」を見抜く力とは、物事の表面的な特徴に惑わされず、その物事を成り立たせている特性や力学を見極める力だ。

「特性」を見抜く力を身につけることで、その特性を味方につけ、目的に合わせて最大限に活かせるようになる。たとえば、火の熱を単に「暖を取る」ために使うだけでなく「エンジンを動かすエネルギー」として産業に応用することで、新たな可能性を引き出すことができる。特性を深く理解すればするほど、その応用範囲を広げ、さまざまな解決策を見つけることができるようになる。

ここからは、本質的な特性を見抜く力がどのようにビジネスに活かせるかを具体的に解説していく。

「特性」とは何か？

特性とは、物事を成り立たせている特別な性質や力学を指す。それは、物事を他のものと区別するための特徴であり、同時にその物事がどのように存在し、どのように作用するかを決定づける重要な性質でもある。

たとえば、経営資源について考えてみよう。経営資源には大きく分けてヒト（人材）・モノ（物的資源）・カネ（資金）・情報・時間の5つがあるが、それぞれ次のように特性が異なる。

ヒト（人材）の特性

人材は、他の経営資源を使いこなし、新しい価値を生み出す中核的な経営資源だ。さらに経営資源の中で唯一、意志や感情を持ち、それ次第で価値が増えたり減ったりする特性を持つ。別の言い方をすれば、うまく活かせばモノ（物的資源）のように劣化せず、むしろ価値が増えていく特性を持つ資源といえる。

さらに、一度競争力を築き上げれば、組織ノウハウや組織カルチャーといった暗黙知として組織内に蓄積され、簡単には真似されづらい特性を持つ。

- 他の経営資源を使いこなす中核的な経営資源。
- 意志や感情次第で価値が増減する。
- 適切に使えば使うほど、価値は劣化せず、むしろ増えていく。
- 組織の暗黙知をつくり、真似されづらい競争力になる。

モノ（物的資源）の特性

モノ（物的資源）は形のある資源であり、製品や設備、建物などがこれにあたる。その特性は、人の力では実現できないことを実現してくれることだ。たとえば量産化や効率化などがこれにあたる。

一方で、モノ（物的資源）は人材と異なり、使用すればするほど劣化し、価値が下がっていく。また、形のある「モノ」である以上、競合他社に真似されやすい特性も持つ。特に、同一業界内で同様の設備を導入する企業が増えると、その優位性は薄れてしまう。

- 人の力では実現できないことを実現できる。

●使えば使うほど価値が劣化していく。
●真似されやすい。

カネ（資金）の特性

カネ（資金）は、それ自体が直接価値を生み出すわけではない。しかし、他の資源に柔軟に置き換わる特性を持つ。たとえば、人材を雇用するための給与や、設備を購入するための投資、さらにはマーケティング活動に必要な経費などが典型だ。

このように、さまざまな形で活用できる資源へと変換できる柔軟性が、資金の最大の特徴だ。

●他の資源に柔軟に置き換わる。

情報の特性

情報は絶えず変化する資源であり、その価値は「リアルタイム性」によって大きく影響を受ける。古い情報は時間の経過とともに価値を失う一方で、新しい情報は高い価値を持つ。特に、スピーディーな意思決定が求められる局面では、最新情報の重要性がさらに増す。

また、情報にはコピーや共有が簡単であるという特性もある。この特性によって、一度得られた情報を短時間で多くの人々に共有でき、組織全体で知識の共有が進む。

さらに、情報の価値は「解釈」によって大きく変わるという特性を持つ。単なるデータや事実として存在するだけでは、それ自体の価値は限定的だが、そこから洞察や知見を引き出すことで、さらに価値が増す。

- ●時間を経るごとに価値を失う。
- ●コピーが簡単。
- ●解釈によって価値が変わる。

時間の特性

時間は、他の資源とは大きく異なる特性を持つ。それは「一度使われると再生も保管もできない」という点だ。たとえばカネ（資金）は失ったとしても、新たな収益を生むことで取り戻すことができる。ヒト（人材）は、スキルや経験を蓄積することで成長し続けることができる。しかし、時間は一度過ぎ去ると二度と取り戻すことはできず、保管もできない。時間の使い方を誤れば、挽回する手段は存在しない。

この特性は、時間が最も希少な資源であることを物語っている。たとえば、短期的な目標を追求することに集中しすぎた結果、長期的な競争力を築くための取り組みを後回しにしてしまうケースがある。短期の成果を優先したことで、その時点では一定の成功を収めたとしても、競争環境が変化した際に備える時間はもう戻ってこない。そうした「失われた時間」の代償は、後から深刻な形で現れることが多い。

さらに、時間はすべての人々に平等という特性も持つ。どれだけ富や権力を持っていようとも、1日に与えられる時間は24時間のみだ。このため、時間の使い方や優先順位の付け方が、個人や組織の成功を左右する重要な鍵となる。

- ●一度使われると、取り戻すことができない。
- ●蓄積や保管ができない。
- ●すべての人に平等に与えられ、配分が成功を左右する。

このように、あらゆる物事には、その存在を特徴づける「特性」がある。この特性を正しく理解し、うまく活かすことが、個人や組織の成功を左右する。

本質的な「特性」を見抜くメリット

効果的な意思決定が可能になる　メリット1

本質的な特性を見抜く力とは、物事の表面的な特徴に惑わされず、その物事を成り立たせている特性や力学を見極める力だ。この力を身につけることで、本質的な特性や力学を味方につけ、効果的な意思決定が可能になる。

たとえば、ノウハウには「使えば使うほど磨かれ、価値が高まる」という特性がある。この特性を理解していれば、新しい技術を導入しただけで満足するのではなく、継続的にそのノウハウを活用し、磨き上げる体制こそが重要だと気づけるだろう。

このように、物事の特性を見抜くことができれば、その特性をうまく活かした意思決定が可能になる。

本質的な特性を味方につけることができる　メリット2

本質的な特性を見抜くことができれば、その特性を最大限に活かし、より効果的な行動を取ることが可能になる。

たとえば、人材の「意志や感情を持ち、価値が増減する」という特性を理解していれば、単にスキルを基準に人を採用するだけでは不十分であることに気づくだろう。重要なのは、彼らの意志やモチベーションを高める仕組みを整えることだ。これにより、人材の価値を最大化し、組織全体のパフォーマンスを向上させることができる。

また人材が持つ「暗黙知を持ち、簡単には真似されない」という特性を活用すれば、それを組織能力として活かすことも可能だ。たとえば、従業員間の知識共有を促進し、経験から得られる学びを組織全体に広げる文化を築くことで、競争力を強化することができる。

このように、人材や組織の特性を正しく見抜き、それを活かす環境や仕組みを整えることによって、組織全体の生産性や競争力を大幅に向上させることができる。

本質的な特性を味方につけることとは、単に資源を消費するのではなく、それを価値に転換する力を身につけることだ。

効果的に競争力を築ける　メリット3

本質的な特性を見抜く力は、他社には真似できない独自の価値をつくり出し、競争力を高める差別化の土台となる。

たとえば、ノウハウが持つ「暗黙知」という特性に着目してみよう。暗黙知は言葉やマニュアルに置き換えにくく、実践や経験を通じて組織内に蓄積される性質を持つ。そのため、競合他社が簡単に真似することが難しく、長期的な強みになりうる。

特性を見抜き、それを最大限に利用する戦略は、単なる短期的な成果を超えて、長期的な競争力の源泉になりうる。

本質的な「特性」を見抜くためのマインドセット

本質的な特性を見抜くためには、物事の表面的な特徴に惑わされることなく、その背後に潜む原理や力学をとらえる視点が不可欠である。ただし、特性を見抜くだけでは不十分だ。それを具体的な行動や意思決定に活かすためのマインドセットが必要となる。

次に紹介する3つのマインドセットは、特性を見抜き、それを効果的に活用するうえで欠かせない。ぜひ、日々の心がけにしてほしい。

表面的な特徴だけに注目しない　マインドセット1

物事の背後に潜む本質的な特性を見抜くためには「何によってこの現象や特徴が現れているのか」を問い続ける姿勢が必要だ。単に目に見える特徴だけに注目するのではなく、その根本にある特性を探ろうとする意識が重要だといえる。

たとえば、ある企業の業績が急速に伸びている場合「すごいなぁ」と表面的な成功だけを見て終わりにするのではなく「この急成長をもたらしている背後には、どのような特性があるのか？」を考える必要がある。その特性が「仕入れの調達力」なのか、「製品開発力」なのか、あるいは「効率的なサプライチェーン」や「ブランド力」なのかを見極めることで、「急成長」の本質に近づくことができる。

「製品開発力」が急成長の原因だとわかった場合、そこで思考をとどめずに、さらにその背景にある特性に目を向けよう。それは「潜在的なニーズを発見する力」かもしれないし、「独創的な発想力」かもしれない。あるいは品質や性能を支える「現場力」という可能性もあるだろう。このように、表面的な特性のさらに奥にある特性を追究することで、より深い洞察を得ることができる。

こうした習慣を身につけるためには、次のような問いを繰り返し自問することが効果的だ。

自問する問い：「この現象の背後にある特性は何だろうか？」
「この特性の奥には、どのような力学が働いているのか？」

これらの問いを習慣にすることで、表面的な現象の奥にある本質的な特性に迫ることができる。

特性の可能性を活かす意識を持つ

マインドセット2

本質的な特性を見抜く際には「背後にある特性は何か？」だけでなく「この特性をどのように活かすべきか？」を問い続けるマインドセットも持っておこう。特性を知るだけで終わらせず、それをうまく利用することで初めて成果につながるからだ。

たとえば、人材が持つ「意志や感情次第で価値が増減する」という特性が見抜けていれば、社員のモチベーションを高める施策に注力するべきだと気づく。仕事の意義や目標を共有し、心理的安全性の高い職場環境を提供することで、人材の持つ価値を最大限に引き出せるだろう。

さらに、人材が持つ「適切に使えば使うほど、価値は劣化せず、むしろ増えていく」という特性を理解していれば、社員の成長機会を設けたり、スキルや経験を積ませる環境を整える重要性が見えてくる。継続的な学習や挑戦の場を与えることで、個人だけでなく組織全体の成長を加速させることが可能だ。

このように、特性を見抜いたうえで「それをどう活かせばより大きな価値を生み出せるのか？」を考える習慣を持つことで、特性を単なる知識として終わらせるのではなく、成果に結びつけることが可能になる。特性を活かす意識こそが、他との差を生み出し、持続的な成長を可能にする鍵となる。

自問する問い：「この特性は、どのような価値をもたらすのか？」
「この特性をどう活かせば効果的か？」

さまざまなビジネス理論を学ぶ　マインドセット3

本質的な特性を見抜くうえで必要なマインドセットの3つ目は「さまざまなビジネス理論を学ぶ」ことだ（図13）。ここで「なぜビジネス理論？」と思うかもしれないが、ビジネス理論は、いわば「過去の先人たちが見抜いた、ビジネスを成功させるための特性」ともいえるからだ。

たとえば、ビジネス理論の一つに「規模の経済性」がある。これは、生産量が増えるほど1単位あたりのコストが低下するという特性を証明した理論だ。この特性を理解していれば「コスト競争力には規模が必要だ」と気づくことができる。また、一気に生産力を上げて、コスト削減効果による低価格戦略を仕掛けてシェアを奪いに行くことも可能になる。

また「パレートの法則」（80対20の法則）という理論は、全体の成果の大部分が特定の少数によって生み出されることを示す特性を証明した理論だ。この特性を味方に付ければ、売上の大部分を生み出す主要顧客や、成果の大半を生み出す少数の製品に注目することで、資源配分を最適化できる。

これらのビジネス理論を学ぶことで、さまざまな状況に応じて特性を活かし、適切な判断をする力が養われる。重要なのは、理論をただ知識として学ぶだけでなく、現実のビジネスに活かす視点を持つことだ。

自問する問い：「このビジネス理論が示している本質的な特性は何だろうか？」「この理論が証明している特性を、どのような場面で活かせるだろうか？」

図13　さまざまなビジネス理論を学ぶ

規模の経済性	生産量が増えるほど、1単位あたりのコストが低下する。
範囲の経済性	複数の製品やサービスを同時に生産することで、コストを削減できる。
ネットワーク外部性	ユーザーが増えるほど、サービスの価値が上昇する。
経験曲線効果	生産や業務の経験が蓄積するほど、コストが低下する。
マズローの欲求階層説	人間の欲求は5段階のピラミッド構造になっている（生理的欲求→自己実現欲求）。
プロダクトライフサイクル	製品は「導入期・成長期・成熟期・衰退期」の4段階を経る。
イノベーションのジレンマ	既存企業は新技術への適応が遅れ、新興企業に敗れる。

本質的な「特性」を見抜くための4ステップ

本質的な特性を見抜くには、ただ観察するだけでなく、体系的に物事をとらえる思考の手順が重要だ。次に紹介する4つのステップを繰り返し実践することで、本質的な特性を見抜く力は着実に向上するはずだ（図14）。

STEP 1 表面的な特徴やパターンをとらえる

本質的な特性を見抜く第一歩は、物事を全体としてとらえ、その表面的な特徴やパターンを観察することだ。この段階では細部にこだわりすぎず、目に見える動きや特徴を正確に理解することが重要だ。観察を通じて全体像を把握し、どの部分に本質的な特性が隠れているかを推測するための準備を整える。

たとえばプラットフォーム型ビジネスモデルの特性を見抜きたい場合、まずはその表面的な特徴やパターンを観察することから始める。

図14　本質的な特性を見抜くための4ステップ

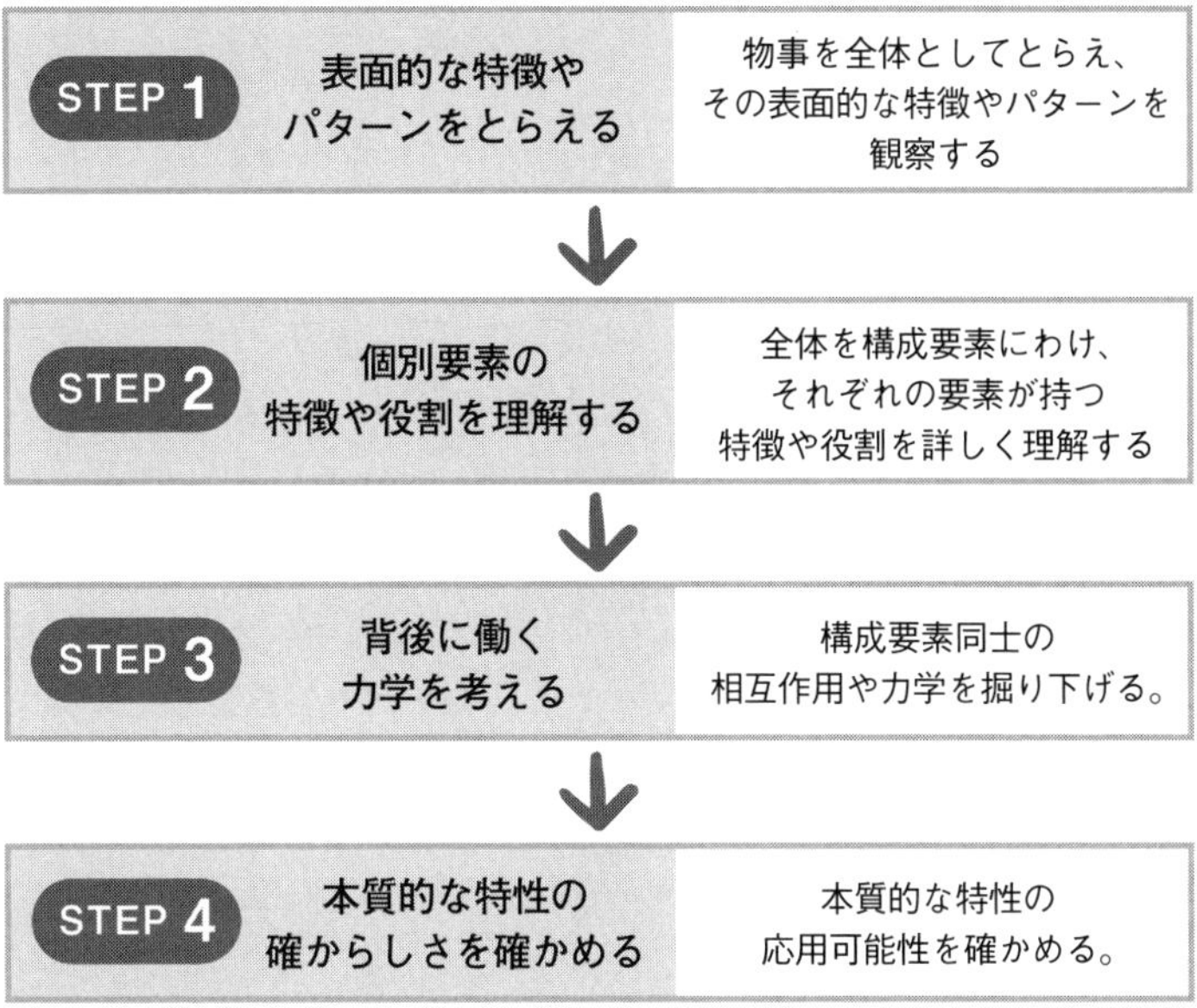
STEP 1
表面的な特徴やパターンをとらえる
物事を全体としてとらえ、その表面的な特徴やパターンを観察する
STEP 2
個別要素の特徴や役割を理解する
全体を構成要素にわけ、それぞれの要素が持つ特徴や役割を詳しく理解する
STEP 3
背後に働く力学を考える
構成要素同士の相互作用や力学を掘り下げる。
STEP 4
本質的な特性の確からしさを確かめる
本質的な特性の応用可能性を確かめる。

●どのようなプレイヤーが参加しているのか？（購入者、販売者、広告主など）

●どのような相互作用が起きているのか？（商品購入、コンテンツ共有、広告クリックなど）

●どの部分が収益につながっているのか？（取引手数料、サブスクリプション、広告収入など）

これらを観察する際には、先入観を取り除き、多角的に物事をとらえることが重要だ。さらに「なぜ多くのユーザーがプラットフォームに集まるのか？」や「どの要素が参加者に価値をもたらしているのか？」といった問いを立てることで、表面的な特徴を超えた深い洞察が得られる。

STEP 2　個別要素の特徴や役割を理解する

物事の全体像を理解した後は、構成要素にわけ、それぞれの要素が持つ特徴や役割を詳しく理解するステップに進む。このステップを通じて、物事の仕組みや構図を理解することができる。

たとえば、先ほどのプラットフォーム型ビジネスモデルの場合、次のような要素にわけて考えることができる。

参加者：購入者、販売者、広告主など、プラットフォームに関与するすべてのプレイヤーについて、それぞれの特徴や行動動機、役割を明らかにする。たとえば、購入者は「便利さ」を求め、販売者は「新たな顧客獲得」を目指している場合が多い。

インフラ：プラットフォームが提供する技術基盤や機能を特定する。検索機能、マッチングアルゴリズム、レビューシステムなど、参加者同士の相互作用を支える仕組みがどのように設計されているかを理解する。

収益モデル：手数料、広告収入、サブスクリプションモデルなど、プラットフォームの収益を支える仕組みを把握する。たとえば、広告主が支払う料金や取引手数料がどの程度の割合を占めているかを分析する。

このステップでは、物事を成り立たせている各要素の特徴や役割を明らかにすることで、その仕組みを深く理解することが目的だ。たとえば「どの要素が最も収益に貢献しているのか？」「競争優位を生み出しているのはどの部分か？」といった問いを立てることで、仕組みや構造を深く理解できるはずだ。

このステップで得られる仕組みや構造の理解が、次のステップにおいて大きな役割を果たす。

STEP3 背後に働く力学を考える

構成要素を分解して仕組みや構造を明らかにした後は、これらに作用する力学を考えるステップに進もう。このステップでは、要素同士がどのように相互作用し、その結果として、どのような力学が生まれるのかを掘り下げていく。要素を個別に見るだけでなく、それらが相互に影響を与え合う関係性を理解することが重要だ。

たとえば、プラットフォーム型ビジネスモデルの場合、以下のような力学が働いている。

ネットワークの力学

プラットフォーム型ビジネスモデルでは、購入者が増えることで販売者にとっての価値が高まり、さらに多くの販売者を引き寄せるというポジティブな循環が生まれる（図15）。この力学が強く働く場合、各プレイヤーが相互に良い影響を与えながら、プラットフォーム全体が自律的に成長する。

たとえば、購入者が増えることで、販売者が「このプラットフォームは魅力的な販売場所だ」と感じ、より多くの製品やサービスを提供するようになる。販売者が増えることで製品選択肢が広がり、それがさらに新たな購入者を呼び込むという相互作用が加速する。この仕組みによって、プラットフォームは規模を拡大し、成長を続けることができる。

需給バランスの力学

プラットフォーム型ビジネスでは、販売者側と購入者側のバランスを適切に保つことが、持続的な成長を支える鍵となる。このバランスが崩れると、双方の満足度が低下し、プラットフォーム全体の魅力が損なわれるリスクがある。

たとえば、販売者が多すぎる場合、プラットフォーム内での競争が激化し、製品が売れに

図15　ネットワークの力学

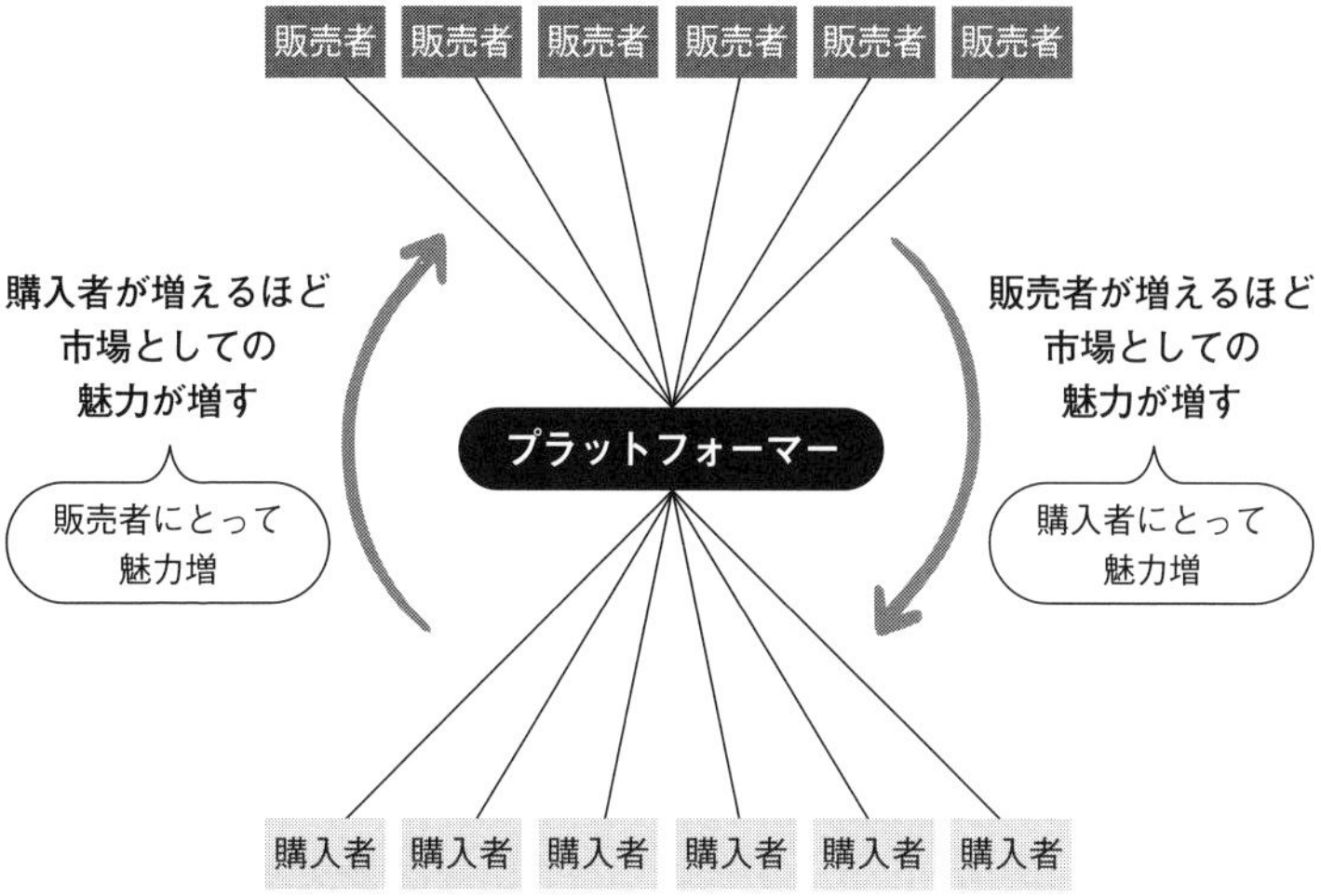

くくなることで販売者の満足度が下がる。一方、購入者が販売者を上回る状況では、欠品が発生し、ユーザー体験が大きく損なわれる。

　このバランスを維持するためには、需要と供給の状況を常にモニタリングし、適切なインセンティブ設計や、マーケティング施策を通じて調整を図ることが重要だ。バランスが取れている状態を保つことで、販売者と購入者の双方がプラットフォームを選び続け、持続的な成長を実現できる。

　このように、仕組みや構造に作用する「力学」をとらえることで、物事の特性が明確になってくる。

STEP4　本質的な特性の確からしさを確かめる

本質的な特性が明らかになったら、その特性が普遍的なパターンや法則として他の状況にも当てはまるかを確かめよう。

たとえばネットワーク効果の特性が、異なるプラットフォームでも当てはまるかどうかを検証することで、見抜いた特性の応用可能性や限界を明らかにできる。検証のポイントは次の通りだ。

普遍性を確かめる

見抜いた力学や特性が、他の状況にも当てはまるかを確認する。たとえば、ネットワーク効果が他のプラットフォームビジネスに当てはまるのであれば、見抜いた特性は普遍性が高く、応用範囲が広いことが確認できる。

例外を発見する

一方で、その特性があてはまらないケースを発見することで、新たな特性を見いだせる場合がある。たとえば、ニッチ市場を対象とするプラットフォームは、ネットワーク効果よりも専門性や独自性が競争力の源泉となりうる。

このように、特性の確からしさを確かめることで、特性を単なる知識から、価値を生み出すための実用的な知識へと進化させることができる。

第5 本質的な「価値」を見抜く力

本質的な「価値」を見抜く力とは、表面的な評価や一時的な流行に惑わされることなく、その背後にある本質的な意義を理解する力を指す。これは、短期的な成果や人気に目を奪われがちな現代のビジネス環境において、特に重要な能力といえる。

ビジネスの現場では「価値」という言葉が誤解される場面が少なくない。たとえば、大きく売上を伸ばしている製品があったとしても、それが本質的な価値を持つとは限らず、一時的な人気や流行に支えられた成果である場合も多い。単に売上や表面的な成功を「価値」としてとらえてしまうと、長期的な視点を見失いかねない。

このように「価値」はしばしば短期的な視点で評価されがちだ。たとえ売上が急成長している状況でも、その成果が長期的に持続可能かどうか、あるいは組織全体にどのような影響を与えているのかという本質に目を向けなければ、成長が一過性のものに終わってしまう。

本質的な「価値」を見抜く力とは、このような表面的な評価や一時的な成功にとらわれず、

図16 「価値」の３つの側面

1	有益性	●物事がどれだけ役に立つか、それによってどれだけの利益や成果を生み出せるかを示す要素。
2	意義	●物事の背後にある深い意味や価値観、あるいはそれが人々や社会にどのような役割を果たすか？を示す概念。
3	重要性	●その物事の役割がどれほど大きいかを示す要素。

物事の根本にある真の価値を見つけ出す力だ。この力を磨くことで、重要なポイントを見定め、限られた予算や人員を適切に集中させることができる。結果として、短期的な利益だけでなく、長期的な持続可能性や競争優位性を実現することが可能になる。

では「本質的な価値を見抜く」とは具体的に何を意味し、どのように実践できるのか？ 続いては、その重要性と方法について掘り下げていこう。

「価値」とは何か？

価値とは、物事が持つ本質的な意義のことを指す。それは、人々や社会にどの程度必要とされ、どれだけ満足感や幸福感をもたらすかによって評価されるものだ。

価値のとらえ方は、主観的な基準と客観的な基準の両方を併せ持つ。たとえば、個人にとっての価値は、心地よさや使いやすさ、デザインの美しさなど、個々の好みやニーズに基づいて評価されるだろう。一方で社会全体にとっての価値は、環境への配慮や公共の利益、持続可能性といった、より広い視点での評価が必要だ。

価値は、次のように3つの側面でとらえると理解しやすい（図16）。

有益性（**役に立つかどうか**）

「有益性」とは、物事がどれだけ役に立つか、それによってどれだけの利益や成果を生み出せるかを示す要素だ。

たとえば企業が導入する業務効率化ツールは、作業時間を短縮し、人件費を削減することで直接的な利益を生む。このように、有益性は直接的な成果として測定可能な場合が多い。

一方で、有益性は目に見える効果だけでなく、間接的な効果にも及ぶ。たとえば健康管理アプリは、直接的にはユーザーの行動を記録するだけだが、間接的には健康意識の向上や病気の予防に貢献する。このように、短期的な成果だけでなく、長期的な利益も有益性の一部だ。

有益性を正しく見極めることは、意思決定を効果的に行うための鍵となる。たとえば、組織においてリソースをどこに配分すべきかを判断する際、有益性の高い対象を優先することで、限られた資源を最大限に活用することができる。

意義（役割があるかどうか）

「意義」とは、物事の背後にある深い意味や価値観、あるいはそれが人々や社会にどのような役割を果たすか？　を示す概念だ。それは単なる実利を超えたものであり、時に人々の感情や人生にすら影響を与える。

意義は多くの場合、主観的であり、その価値を数値化することは難しい。それでも、個人や社会にとって欠かせない役割を果たす重要な要素だ。

たとえば再生可能エネルギーを利用することは、電力供給の観点から見れば他のエネルギーと同じ「有益性」を持つかもしれない。しかし、それが環境保全や未来の世代への責任を果たすという意義を伴うことで特別な価値が生まれる。こうした意義が、再生可能エネルギーを選ぶ行動を後押ししている。

また、大学で学ぶことも同様だ。短期的な実利を生むわけではないが、個人の知識を深め、自己成長を促すという意義を持つ。こうした学びは、長期的に見ればその人の人生に深い影響を与えるだろう。

さらに、家族との思い出を記録した写真アルバムは、有益性の観点では評価が難しい。しかし、それが感情や記憶に強く結びつき、その人の人生にとって特別な「意義」をもたらしているはずだ。

意義は、行動を持続させる強力な動機付けとなる。たとえば企業のブランド価値は、その製品やサービスが「単なる製品」ではなく、人々にとって特別な意義を持つことによって強まる。アップルが提供する製品は、単なるツールではなく、創造性や自己表現を後押ししてくれる存在として、多くの人に意義をもたらす存在だ。

意義を理解することは、有益性だけでは測ることのできない、本質的な価値を見いだす鍵となる。それは、行動や選択に深い意味を与え、長期的な満足感や成長を生む原動力となるのだ。

重要性（重要かどうか）

価値を構成する3つ目の側面である「重要性」とは、その物事の役割がどれほど大きいかを示す要素だ。

たとえば、命に関わる医療機器や、地震などの災害時に人々を守る避難設備は、生命や安全を支えるために欠かすことのできない存在であり、非常に高い重要性を持つ。また、業務の効率を大幅に改善するソフトウェアも、ビジネス環境において欠かせないツールとして重要性が高い価値を持つといえる。

これらの例に共通しているのは「その存在が、結果に大きく影響している」という点だ。

本質的な「価値」を見抜くメリット

誤った判断を防げる　メリット1

本質的な価値を見抜けなければ、人はしばしば一時的な流行に惑わされ、誤った判断をしてしまう。

たとえば株式投資において、短期的に急騰している銘柄に飛びついた結果、バブルのような一時的な過熱相場に巻き込まれるケースがよく見られる。価格の上昇という一時的な魅力にとらわれ、本質的な企業価値や成長性を見極めることを怠れば、大きな損失を被るリスクが高まる。

同じことはビジネスの現場でもいえる。たとえば、「今話題のツール」や「競合が導入している手法」に安易に飛びついてしまうケースだ。これらが自社の戦略や目標に本当に合致しているかを見極めずに採用すると、期待していた成果が得られないばかりか、時間やリソースの浪費を招くことになる。

このような誤った判断を防ぐには、一時的な流行や表面的な成功に目を奪われるのではなく「その選択が本質的な価値を生むかどうか」「長期的な視点で持続可能な成果につながるか」を冷静に見極める力が必要だ。

本質的な価値を見抜く力を身につけることで、流行や競争に振り回されることなく、より戦略的で持続的な意思決定が可能になる。それは、個人の選択から企業全体の戦略に至るまで、すべてのレベルで大きな影響をもたらす重要なスキルといえるだろう。

持続可能な成功を実現できる　メリット2

短期的な成功を追い求めた結果、長期的には価値を大きく損なってしまうことがある。

たとえば、ブランド価値について考えてみよう。安価な価格設定や派手な広告によって一時的に顧客の関心を引くことはできるかもしれない。しかしそのアプローチだけでは、顧客との信頼関係や長期的なロイヤルティを築くことは難しい。価格や広告のインパクトはやがて薄れ、競争が激化する中でブランドの独自性を失うリスクが高まる。

一方で、本質的な価値を見抜き、それを一貫して提供することができれば、顧客や社会との深い信頼関係を築くことが可能になる。

たとえば、高品質な製品の提供や、顧客体験の向上、環境への配慮といった本質的な価値がブランドの中核にある場合、それを継続的に磨き上げていくことで顧客はブランドに共感し、ロイヤルティを感じるようになる。顧客は単なる製品やサービスの消費者にとどまらず、ブランドの理念や価値観を共有する「支持者」となってくれるだろう。

意義のある目標を見つけられる　メリット3

本質的な価値を見抜くことは、自分たちの行動に深い意味と目的を与える。その結果、単に短期的な利益や数値目標を追い求めるのではなく、社会や組織、そして個人にどのような影響をもたらすのかを理解できるようになる。この理解が、より強いモチベーションを生み出す原動力となる。

たとえば、再生可能エネルギーへの投資を行う企業は、収益を上げるだけでなく、地球環境の持続可能性という社会的な意義を追求することができる。このような目標を掲げることで、従業員や顧客、ステークホルダーの共感を呼び起こし、強い信頼と共鳴を得ることができる。単なるビジネス活動が「意義のある取り組み」へと変わり、組織全体を動かす原動力となるのだ。

本質的な「価値」を見抜くためのマインドセット

本質的な価値を見抜くためには、単に知識やスキルを持つだけでは不十分だ。必要なのは、物事と向き合う姿勢や習慣であり、このマインドセットがあって初めて、真の価値を見極め、正しい行動につなげることができる。

ここからは、本質を見抜き、それを活かすために欠かせない3つのマインドセットを紹介する。この3つを身につけることで、表面的な情報や一時的な流行に振り回されることなく、真の価値を見極める習慣を身につけることができるはずだ。

長期的視点を持つ　マインドセット―

本質的な価値を見抜くためには、長期的な視点で考えることを習慣にしよう。なぜなら、本質的な価値は一時的な成功や流行によって測れるものではなく、それらが将来的にどのような意義をもたらし、どのような影響を与えるのかを見極める必要があるからだ。

たとえば、新たな市場への参入を検討する際に、目先のトレンドや短期的な利益だけを基に決断すると、市場の本質的なニーズを見誤る可能性が高い。これに対し、長期的な視点でその市場が持つ潜在的な価値や、自社が提供できる独自の価値を見極めて判断すれば、長期的な成長を実現できる。

このような長期的視点を養うには、次のような問いを繰り返し自分に投げかけることが効果的だ。

自問する問い：「この選択は長期的にどのような価値を生むだろうか？」
「その価値は長期的に持続可能なのか？」

こうした問いを習慣化することで、表面的な現象や一時的な成功に振り回されることなく、本質的な価値を冷静に見極められるようになるはずだ。

マインドセット2

多角的な視点を持つ

本質的な価値を見抜くためには、一つの側面に固執せず、多角的に物事をとらえる習慣が欠かせない。価値は「有益性」「意義」「重要性」という複数の要素から成り立っており、これらを総合的に評価しなければ、正確に理解することはできない。

たとえば、環境に優しい製品を開発するケースを考えてみよう。この場合「環境保護」という意義だけに注目するのではなく、次のような多角的な視点を持つことが重要だ。

有益性：顧客や社会に対して、どのような具体的なメリットを提供できるのか？
意義：製品が組織の使命やビジョンにどれだけ深く関わっているのか？
重要性：この製品が市場や社会にとってどの程度欠かせないものなのか？

これらの要素を多角的に見極めることで、環境保護という目的だけにとらわれず、製品が持つ本質的な価値を見極めることができる。

自問する問い：「この価値は、有益性・意義・重要性があるか？」

価値を行動に変える意識を持つ　マインドセット3

本質的な価値を見抜くことは、始まりに過ぎない。その価値を具体的な行動に結びつけてこそ、成果につながる。

たとえば「社員の成長を促すことが重要だ」と理解するだけでは、価値を実現したとはいえない。社員一人ひとりの目標に合わせた評価制度の整備や、スキル習得を支援する仕組み、実践的な研修制度の導入など、具体的なアクションが伴うことで初めて、その価値が現実のものとなる。さらに、その行動が継続的に行われ、社員の満足度や生産性の向上につながることで、本質的な価値が実現されたといえるだろう。

本質的な価値を行動に変えるためには、次のような問いを自らに投げかけることが有効だ。

自問する問い：「この価値を実現するために、どのような行動を起こすべきか？」

繰り返しこの問いを投げかけることで、価値がただの理念で終わらず、現実の中で成果を生む原動力へと変わっていくはずだ。

本質的な「価値」を見抜くための3ステップ

次に、本質的な価値を見抜くための3つのステップについて解説しよう。これらのステップを継続的に実践すれば、本質を見抜くスキルを着実に磨いていくことができるだろう。そのステップは、次の3つだ（図17）。

図17　本質的な価値を見抜くための3ステップ

STEP 1	有益性を見極める	物事がどれだけ役に立つか？ を見極める。目に見える直接的な利益だけでなく、間接的な利益も含まれる。
↓		
STEP 2	存在意義を考える	単なる実利にとどまらず「何を実現するために存在しているのか」を理解する
↓		
STEP 3	重要性を見極める	物事がどれだけ欠かすことのできない重要な役割を果たしているかを見極める

STEP I　有益性を見極める

まず初めに行うべきは、物事がどれだけ役に立つか？ を見極めることだ。有益性には、目に見える直接的な利益だけでなく、間接的な利益も含まれる。

たとえば、教育の価値を考えてみよう。教育は短期的な利益を直接生むわけではないが、長期的には個人のキャリアを発展させ、社会全体の経済成長や文化的発展に寄与する。有益性を正しく見極めることで、こうした長期的で広範な影響を見通す力が得られる。

このステップでの焦点は「この物事はどのような形で誰の役に立つのか？」だ。さらに、その利益が一時的なものではなく、持続可能な形で提供されるかどうかも見極める必要がある。

この視点を持つことで、有益性が単なる一時的な効果にとどまらないことを理解し、物事の真の価値をより深く掘り下げることができる。こうした洞察が、次のステップである「意義の評価」につながる。

STEP 2　存在意義を考える

物事の存在意義を明確にすることは、本質的な価値を見抜くうえで極めて重要だ。このステップでは、物事が「何のために存在しているのか？」という根本的な問いを投げかける。

たとえば、交通手段の本質的な価値を見極める場合を考えてみよう。「移動を可能にする」という表面的な役割にとどまらず、その背景にある「人々の生活を豊かにし、経済活動を支える」という存在意義にまで思考を深めることがポイントだ。これにより、交通手段が単なる移動手段を超えて、社会全体にどのような影響を与えているかを理解することができる。

このステップを通じて、交通手段が「地域間の格差を解消する」や「人々の可能性を広げる」という社会的な課題に応えていることにも気づけるはずだ。

このように、単なる実利にとどまらず「何を実現するために存在しているのか」を理解することで、その価値をより深く、正確に評価できる。これが、次のステップに進むための重要な土台となる。

STEP 3 重要性を見極める

次に行うべきは、物事がどれだけ欠かすことのできない重要な役割を果たしているかを見極めることだ。重要性を正しく評価することで、その対象がどれだけ価値ある存在であるかがより具体的に理解できる。

重要性を見極める際には「それがなければ何が失われるのか？」という視点が役に立つ。この問いを通じて、物事が持つ役割の大きさや影響の範囲をとらえることができる。

たとえば、インフラの価値を考える場合、単に「便利さ」を提供するものととらえるだけでなく、そのインフラが失われた場合、生活や経済活動にどれだけ大きなマイナスが生じるのかを想像することで、その重要性を浮き彫りにできる。

このステップでは、物事の存在が特定の領域を超えて、社会や組織、個人にどのような広がりを持って影響を与えているかを考えることが重要だ。

図18　14の価値

顧客価値	経済価値	社会価値	芸術・文化価値
①実利価値	⑤取引価値	⑧環境価値	⑬美的価値
②感情価値	⑥市場価値	⑨教育価値	⑭創造価値
③自己実現価値	⑦投資価値	⑩健康価値	
④関係性価値		⑪社会福祉価値	
		⑫安全価値	

価値の種類について

本質的な価値を見抜くには「そもそも世の中には、どのような種類の価値が存在しているのか？」を知っておくことが役立つ。

そこでここからは「本質的な価値を見抜く力」の一助とするために、14の価値とその特徴について、そのポイントを解説していこう（図18）。

顧客価値

顧客価値とは、製品やサービスを通じて顧客が得る満足感や利益を指す。顧客が製品を選ぶ際の動機となるこの価値は、大きく「実利価値」「感情価値」「自己実現価値」「関係性価値」の

4つに分けることができる。

①実利価値

実利価値とは、製品やサービスが提供する実利的なメリットを指す。この価値は短期的な効果がわかりやすく、測定可能なケースが多い。たとえば次の通りだ。

例1：ロボット掃除機

部屋を自動で掃除し、日々の掃除の手間を大幅に減らす実利価値をもたらす。

例2：会計ソフト

複雑な経理作業を自動化し、時間の節約と手作業のミス削減といったメリットをもたらす。

実利価値は、製品やサービスが「どれだけ役に立つか」という視点で評価されるため、機能性や性能が重視される場面で特に重要となる。

②感情価値

感情価値とは、製品やサービスを利用する際に得られる心理的な満足感を指す。顧客が感じる幸福感、愛着、安心感、特別感など、主観的な評価が中心となる価値だ。

例1：高級車

単なる移動手段ではなく、所有することで感じるステータスや誇りといった感情価値をもたらす。

例2：ギフトや記念品

実用性よりも、贈り物に込められた思いや過去の思い出を振り返る感情的な価値が重視される。

感情価値は、相手との長期的な関係を築くうえで重要な役割を果たす。

③自己実現価値

自己実現価値とは、顧客が自身の可能性を引き出し、目標達成や成長を実感することで得られる価値を指す。これは単なる利便性や満足感を超え、顧客の成長や達成感に直結するものだ。

例1：パーソナルジム

体型の変化という実利価値だけでなく「自分を変える達成感」や自己成長をもたらす。

例2：ホームセンター

顧客が自分の理想の暮らしをデザインし、実現していく体験を提供することで、自己実現の手段を提供する。

自己実現価値は、顧客がより高い目標を追求し、個人的な充足感を得られるような体験を提供することを通してつくられる。

④関係性価値

関係性価値とは、他者とのつながりや関係から生み出される価値を指す。

この価値は、単なる利害を超えた信頼、共感、共鳴、安心感といった感情的な要素によってつくられる。関係性価値は、持続可能な信頼関係の土台となり、満足度を大きく向上させる。

例1：スターバックス

スターバックスは、単に高品質のコーヒーを提供するだけでなく、店舗の雰囲気やスタッフの心地よい対応を通じて、顧客との関係性価値を高めている。顧客は「コーヒーを飲む場所」以上の意味を見いだし、スターバックスを「日常の癒し」や「コミュニティの一部」として感じている。

例2：Slack

共通のテーマでつながる場を提供することで、ユーザー同士が知識や経験を共有し合い、互いにサポートする関係性価値を生み出している。これにより、単なる情報交換の場を超えた、帰属意識や仲間意識がつくられる。

経済価値

経済価値は、製品やサービスが持つ金銭的な価値を指す。この価値は一つの基準だけで評価されるわけではなく、取引価値、市場価値、投資価値という3つの側面から考えられる。

⑤取引価値

取引価値とは、取引が成立した際の価格や価値を指す。取引価値は交渉や取引条件によって大きく変わることが特徴だ。

例：土地の分譲

ある土地の区画が７０００万円で売買された場合、その価格が取引価値となる。この金額は、土地の売り手と買い手の取引によって決まる。

⑥市場価値

市場価値とは、需要と供給のバランスに基づいて市場原理で決まる価値のことを指す。これは取引条件や交渉の影響を受けず、市場メカニズムによる評価を反映している点が特徴だ。市場価値は公平で客観的な評価基準として、信頼できる指標となる。

例：土地の市場価値

ある土地の区画の公示地価が1平米あたり１００万円だった場合、それがその土地の市場価値となる。

⑦投資価値

投資価値は、物事が将来的に生み出す収益の見込みに基づいて評価される価値だ。取引価値や市場価値が「現在の価格」を反映しているのに対し、投資価値は「将来の成長性や収益性」を見込んで評価される点が特徴だ。

たとえば、不動産における投資価値は「この不動産が将来的にどれだけの収益をもたらすか」を予測して計算される。

例：土地の投資価値

ある土地の区画が、将来的に賃貸収入によって合計5億円の利益を生み出すと予測される場合、その土地の区画は5億円の投資価値を持つと算出される。

社会価値

社会価値は、経済的な利益を追求する活動と対立するものではない。むしろ、企業が社会課題に取り組むことで、社会的な価値と経済的な価値の両立を目指すことができる。

このような考え方は「CSV（Creating Shared Value: 共有価値の創造）」と呼ばれ、企業が社会的な使命を果たすことで競争優位を築き、経済価値を同時に高めることを目指している。

たとえば、健康志向の食品を開発することで、企業は消費者の健康を改善するという社会的な貢献を果たすと同時に、売上を伸ばし、市場での地位を強化することができる。

⑧環境価値

環境価値は、環境の保護や再生に貢献する活動を通して生まれる社会価値を指す。企業や個人が行う環境保全の取り組みは、地球規模の課題解決に直接的に貢献する。

例：再生可能エネルギーの導入（太陽光発電や風力発電など）。
：カーボンフットプリント削減を目指した製品設計。
：森林再生プロジェクトやプラスチック廃棄物削減への取り組み。

⑨教育価値

教育価値は、人々の学習機会を増やし、スキルや知識を向上させることで社会全体の発展に貢献する価値だ。教育価値の創出は、個人の成長だけでなく、長期的な社会の繁栄を支える。

例：オンライン教育プラットフォームの運営。
：地域の学校や教育機関への寄付や支援。
：企業による従業員のスキルアップ研修やキャリア支援。

⑩健康価値

健康価値は、心身の健康を向上させる価値を指す。個人の幸福度を高め、医療費の削減や社会全体の生産性向上にも寄与する。

例：ヘルスケアアプリの提供（運動記録、健康管理など）。
：医療技術の開発（がん治療薬や診断技術の向上）。
：メンタルヘルスをサポートするカウンセリングやオンラインプログラム。

⑪社会福祉価値

社会福祉価値は、弱者支援や平等な社会の実現を目指す活動から生まれる価値だ。社会の中で取り残されがちな人々を支援することで、社会全体の幸福度を向上させる。

例：高齢者や障害者の支援サービスの提供。
：貧困削減のための生活支援プロジェクトや食糧支援活動。
：医療アクセスを広げるための移動診療サービスや低価格の医薬品提供。

⑫安全価値

安全価値は、個人や社会が安心して生活し、活動できる環境を提供することから生まれる価値を指す。防災、防犯といった分野が典型だ。

例：災害対策のインフラ整備（耐震構造の建物や洪水防止ダム）。
：サイバーセキュリティ技術の開発で個人情報や企業資産を保護。
：スマートシティプロジェクトによる安全な都市設計。

芸術・文化価値

芸術・文化価値とは、美しさや創造性を通じて、人々に感動を与える価値のことを指す。この価値は、アートや創作活動を通じて生まれ、人々の心を豊かにするとともに、文化や社会の成長に貢献する役割を果たす。

⑬美的価値

美的価値とは、人々に美しさや喜びを感じさせる価値を指す。芸術作品やデザイン、自然の景色に触れることで感じる感動や癒しが、この価値の中心にある。たとえば、美しい絵画や音楽に触れるときに感じる心の安らぎなどが、美的価値の一例だ。この価値は、私たちの生活を豊かにするだけでなく、共通の感動を通じて人々のつながりを深める力も持っている。

例：美術館の絵画や彫刻（美しい色彩や形が、観る人の心に感動やインスピレーションを与える）。

：音楽や舞台芸術（美しいメロディーや演技が、聴く人や観る人の心を癒し、日常の疲れを忘れさせる特別なひとときを生む）。

⑭創造価値

創造価値とは、新しいアイデアや表現、技術によって、人類の可能性を拓く価値を指す。たとえば、斬新なデザインの製品や、従来の枠にとらわれないアート作品が挙げられる。創造価値は、文化や社会を発展させるエネルギーとして機能する。新しい表現を通じて、多様な考え方や可能性を人々に示し、社会に活気や刺激をもたらす役割を果たす。この価値は、私たちの暮らしを豊かにするだけでなく、未来の可能性を広げる力となる。

例：映画や小説の斬新なストーリー（これまでにない物語が、新しい視点や発想を観る人や読む人に与え、想像力をかき立てる）。

：デジタルアートやインタラクティブ展示（最新のテクノロジーを駆使して、見るだけでなく触れたり参加できるアートを創り出し、人々に新しい体験を提供する）。

第6「関係」の本質を見抜く力

現代のビジネス環境は、かつてないほど複雑になっている。市場の変化は激しく、個々の出来事が相互に影響を及ぼしながら、予測の難しい状況を生み出している。こうした環境では、目の前の現象に振り回されるのではなく、それらを引き起こす本質的な関係を見抜く力が必要不可欠だ。

「関係」の本質を見抜くことができれば、短期的な成果に一喜一憂するのではなく、長期的な視点で物事を考えられるようになる。さらには「こういうときは、こうなりやすい」という普遍的な法則を見いだし、さまざまなビジネスシーンに応用することも可能になる。

この力を身につけることができれば、これまで見えなかった「関係」が見えるようになり、これまでとは違う景色が見えてくるはずだ。

「関係」とは何か？

世の中には、さまざまな「関係」が存在する。たとえば、因果関係、対立関係、依存関係、補完関係などが典型だ。これらはすべて、私たちが物事を理解し、意思決定を行ううえで欠かせない視点だ。

この中でも、とりわけ重要なのが「因果関係」だ。なぜなら、因果関係とは「原因」と「結果」のつながりを示すものであり、物事の成り立ちや変化のメカニズムを解き明かす鍵だからだ。因果関係を正しく見抜くことができれば、ある出来事の背後にある真の原因を突き止めたり、将来どのような結果をもたらすのかを予測することが可能になる。つまり、因果関係を理解することは、未来を見通し、戦略を立てるための強力な武器となるのだ。

しかし、因果関係とは、モノとは異なり目に見えない。物理的なモノであれば、手に取って確認したり、形や大きさを測ったりすることができる。しかし、因果関係は目に見えないため、表面的な現象に惑わされ、誤った結論を導き出してしまうことも少なくない。だからこそ、物事のつながりを正しく読み解き、本質的な関係を見抜く力が求められる。

本質的な因果関係を理解するとは、単に「Aが起きたからBが起きた」と結論づけることではない。表面の奥に潜む「真の原因」と「本当の結果」のメカニズムを見抜くことにほかならない。

目の前の出来事を単なる偶然ととらえるのではなく、その因果の連鎖がどのように未来へ影響を与えるのかを読み解く力こそが、本質を見抜く力につながる。この力を磨けば、複雑な状況の中から見えない本質を見極め、確かな未来を描くことができるようになるはずだ。

「関係」の本質を見抜くメリット

物事の裏側にある原因を特定できる

メリット1

関係の本質を見抜くことができれば、表面的な結果にとどまらず、その結果を引き起こした真の原因を深く掘り下げて理解することができるようになる。これにより、見誤った仮説や的外れな対策を避け、根本的な解決を目指すことができる。

たとえば、営業部門の成績が低迷しているとしよう。このとき「営業活動が不十分だから」と短絡的に結論づけてしまうのは早計だ。実際には、消費者ニーズの変化、競合環境の変化、製品品質の問題など、さまざまな要因が絡み合っている可能性がある。

もし、表面的な原因だけを見て「営業強化」という対策を講じたとしても、本質的な問題が別にあれば、根本的な解決にはつながらない。しかし、関係の本質を見抜く力があれば、真の原因を正しく特定し、最も効果的な対応策を打ち出すことができるのだ。

包括的な問題解決ができる　メリット2

物事の因果関係は、単純な「一対一」の関係だけで成り立っているわけではない。ある出来事の結果が、別の問題の原因となり、さらなる影響を生み出すことも少なくない。このような連鎖的な因果関係を正しく理解することで、部分的な解決ではなく根本的かつ包括的な問題解決が可能になる。

たとえば、「顧客数が減った」という現象があったとしよう。この背後には「製品の魅力が低下した」「価格競争力が落ちた」といった直接的な原因が考えられる。しかし、さらに掘り下げてみると、「顧客ニーズの変化に対応できていない」「ブランド価値が低下している」といったより本質的な要因が見えてくるかもしれない。さらに、その背景を探ると、「市場調査の不足」「社内の部門間連携の欠如」といった組織内部の課題に行き着くこともある。

このように、一つの問題が次々と別の問題を引き起こし、因果の連鎖を形づくっているケースは少なくない。

こうした因果の連鎖を深く掘り下げ、その全体像を解明できれば、単なる対症療法ではなく、根本的な解決策を導き出すことができる。つまり、一つの問題に対して「部分最適」ではなく、「全体最適」を実現できるのだ。

未来を予測できる　メリット3

本質的な因果関係を見抜くことができれば、現在の行動や出来事が未来にどのような影響を与えるのかを予測することができるようになる。

たとえば、新しい製品を市場に投入する場合を考えてみよう。因果関係を正確に見抜ければ、その製品が市場にどのようなインパクトを与えるかを予測できる。具体的には、製品の価格設定や特徴が顧客の購買行動にどのように影響するのか、競合がそれにどのように反応するのか、さらには顧客の満足度が口コミやブランドイメージにどう結びつくのかといった、連鎖的な影響を見通すことが可能になる。

さらに、因果関係の理解は、短期的な影響だけでなく、大局的な未来予測にも役立つ。たとえば、その製品がブランド価値を高める要因となり、結果として将来の市場シェア拡大や新たな市場の開拓につながる可能性も視野に入れられる。このような予測を基にした大局観は、競争の一歩先を行く強力な優位性となる。

このように、因果関係を見抜くことは、単なる現在の問題解決にとどまらず、未来の可能性を見通し、計画を立てるための極めて重要なスキルだ。この力は、個人や組織の成長を加速させ、変化の激しい環境においても柔軟かつ効果的に対応できる力をもたらすのだ。

「関係」の本質を見抜くためのマインドセット

複雑な現象の背後にある因果関係を見抜く力は、問題の根本原因を特定し、未来を正しく予測するために不可欠だ。しかし、この力は一朝一夕に身につくものではない。日頃から物事のつながりを深く考え、本質を探ろうとする姿勢や習慣を持つことが重要になる。

そのために必要なのが、「関係の本質を見抜くためのマインドセット」だ。これは、単に知識やスキルを学ぶだけではなく、普段からどのように物事をとらえ、どのように考えるかという思考の習慣を鍛えることを意味する。

続いて、このマインドセットを身につけるために意識すべき3つの観点を解説する。これらを日々の思考や行動の中で実践することで、表面的な現象に惑わされることなく、より深い洞察を得られるようになるはずだ。

常に「原因」と「結果」を意識する

マインドセットー

あなたの目の前にあるあらゆる物事は「原因」でもあり「結果」でもある。このことを普段から意識し、因果のつながりを考える習慣を持つだけで「関係」の本質を見抜く力が格段に鍛えられる。

たとえば、あなたの目の前に「箱」が置いてあったとしよう。これを「原因」ととらえれば、「いずれ誰かが箱を開け、その中身を取り出すだろう」と未来を予測することができる。一方で、これを「結果」ととらえれば「誰かがどこからか箱を持ってきて、ここに置いたのだろう」と過去の「原因」を推測することができる。

また、あなたが所属する会社で「売上が落ちた」という現象が起きたとしよう。これを「原因」ととらえれば「今後、利益が減少し、結果的にボーナスが下がるかもしれない」と未来への影響を予測できる。逆にこれを「結果」としてとらえれば、「なぜ売上が落ちたのか?」と原因を探る思考につながる。たとえば、「製品が売れなくなったのか?」「単価が下がったのか?」「競争環境が変化したのか?」といった深掘りの視点が生まれる。

このように、あなたの目の前にあるすべての物事は「原因」でもあり「結果」でもある。このことを、日常のあらゆる場面で自覚的になり「原因」と「結果」を行き来するクセをつけることで「関係」を見抜く力を養うことができる。

自問する問い：「目の前の物事が原因だとしたら、どのような結果が予測できるか？」
「目の前にある物事が結果だとしたら、その原因は何が考えられるか？」

因果関係の連鎖を意識する　マインドセット2

あなたは「風が吹けば桶屋が儲かる」という話をご存じだろうか？

- 風が吹くと土ぼこりが立ち、目の炎症を起こす人が増える。
- 目が不自由な人は三味線を弾くので、三味線に張る猫の皮の需要が増える。
- 猫が減るとネズミが増え、ネズミが桶をかじるので桶屋が儲かる。

この話は江戸時代の浮世草子が由来の笑い話だが、ビジネスでは、これに近いことが起きる。「風が吹けば桶屋が儲かる」の話のように、因果関係は「一つの原因と結果がある」という単純なものではなく、原因と結果が連鎖的に連なっている場合が多い。一見すると「結果」に見えるものが、実際には別の何かの「原因」となっていることも少なくない。このため、表面的な結果だけに注目するのではなく、その結果がさらにどのような影響を引き起こしているのかを連鎖的に考えることが重要だ。

たとえば「顧客満足度の低下」という現象を考えると、この問題を単なる結果としてとらえるだけでは本質を見誤る。これを「新たな原因」としてとらえ直すことで、顧客満足度の低下がどのような影響を引き起こしているのか、連鎖的な視点で理解することが可能となる。

顧客満足度が低下すると、まずリピーターが減少し、結果として収益の悪化を招く。そして、収益が悪化することで、スタッフの士気が低下し、サービス品質がさらに低下するという悪循環に陥る。さらに、この悪循環によってブランド全体の信頼が損なわれ、新規顧客の獲得も難しくなるといった広範な影響が生じてしまう。

このように因果関係の連鎖を見抜くことで初めて、その影響を最小限に抑えるための包括的な戦略を考えることができるようになる。

このケースの場合、短期的な対応と長期的な戦略を組み合わせたアプローチが必要だ。まず短期的には、スタッフの再教育やサービス改善に取り組むことで、顧客満足度の向上を目指し、長期的には、顧客ロイヤルティを高める新しい仕組みを導入し、ブランド価値を再構築する必要があるだろう。

自問する問い：「ネガティブな影響の連鎖を最小限に抑えるために、今すべきことは何か？」

「ポジティブな影響の連鎖を最大化するために、今すべきことは何か？」

戦略的な行動に結びつける　マインドセット3

因果関係を見抜くことはゴールではなく、行動を起こし成果を生み出すためのスタートだ。重要なのは、因果関係を考えるだけで終わらせず、戦略的に行動へとつなげる姿勢を持つことだ。

因果関係が連鎖的に連なることを理解していれば、一つの行動がどのように他の結果に影響を及ぼすのかを見通しながら、短期的な対応策と長期的な戦略を両立させることが可能になる。

たとえば、離職率の増加が業績の低下につながっている状況を考えてみよう。短期的には従業員の不満を解消する具体策が求められるはずだ。一方で、長期的な視点では、キャリア支援制度を整備し、従業員が自身の成長を実感できる環境をつくることや、心理的安全性を高める職場文化をつくる取り組みが必要になる。

その結果、働く環境が改善されれば従業員のモチベーションが向上し、それが顧客満足度の向上や業績の回復につながるかもしれない。また、エンゲージメントの高い従業員が増えれば、優秀な人材が新たに集まりやすくなり、結果として組織全体の競争力が強化されるというポジティブな連鎖も期待できる。

これらの取り組みを続ける際には、因果関係が正しく機能しているかを継続的にモニタリングし、状況の変化に応じて柔軟に修正することも重要だ。

このように「因果関係を意識し、行動につなげ、継続的に改善する」という姿勢を習慣化することで、本質的な問題解決力が養われ、持続的な成功を生み出す力が身についていくはずだ。

自問する問い：「この因果関係を基に、どのような具体的な行動を起こすべきか？」

「関係」の本質を見抜くための3ステップ

ここまで見てきたように、あらゆる物事の裏側には、因果関係が隠れている。その関係性を明らかにし、具体的な行動に結びつけるためには、次の3つのステップをたどることが有益だ。このステップをたどることで、より適切な意思決定ができるのはもちろん、他の領域にも応用できる普遍的な学びが得られるはずだ（図19）。

図19　本質的な関係を見抜くための3ステップ

STEP 1　因果関係を発見する
目の前の物事の因果関係を発見する。

↓

STEP 2　因果関係を抽象化する
個別事例の因果関係を抽象化し汎用的な法則へと発展させる。

↓

STEP 3　得られた法則を応用し、行動につなげる
見いだした法則を、さまざまな分野に応用する。

STEP 1　因果関係を発見する

「関係」の本質を見抜く第一歩は、目の前の物事の因果関係を発見することだ。ただ受け流すのではなく「なぜこの結果が生まれたのか？」という視点を持つことが重要だ。

たとえば、ある小売チェーンが急に人気を集めていると知ったとしよう。多くの人は「へぇ、流行《はや》ってるんだな」と受け止めるだけで終わってしまう。しかし、ここで「なぜ？」と疑問を持つことが、因果関係を発見する第一歩となる。

もし、その人気の理由を調べた結果「魔境感のある店内」だとわかったとしよう。すると「魔境感のある店内演出↓

人気が出る」という因果関係が成り立っていることがわかる。

また、ネットニュースで「ゴミ捨て禁止の看板を設置しても不法投棄が減らなかったが、お地蔵さんを置いたらゴミの不法投棄が減った」という記事を読んだとしよう。すると「ゴミ捨て禁止の看板→不法投棄は減らなかった」「お地蔵さんを設置→不法投棄が減った」という因果関係を発見できる。

このように、私たちの周りには無数の因果関係が隠れている。「関係」の本質を見抜く第一歩は、まずは因果関係を発見することだ。

STEP 2 因果関係を抽象化する

因果関係を発見した後は、それを個別の事例にとどめず、より多くの場面で使える法則へと発展させる「抽象化」のステップに進む。

たとえば、先ほどの例で挙げた「魔境感のある店内演出→人気が出る」という因果関係は、その小売チェーンに特有のものに思えるかもしれない。

しかし、この事例をより一般的な視点でとらえ直してみると「魔境感のある店内」には「発見の楽しさ」という要素が含まれていると考えられる。すると、この因果関係は次のように抽象化できる。

「発見の楽しさがあれば」↓「人気が出る」

「魔境感のある店内」は、その小売りチェーン特有のものに過ぎないが、それを「発見の楽しさがあること」と抽象化することで、より多くの場面で使える法則に発展したことがご理解いただけるだろうか？

また「ゴミ捨て禁止の看板を設置しても↓不法投棄は減らなかった」「お地蔵さんを設置したら↓不法投棄が減った」についても抽象化してみよう。この事例をより一般的な視点でとらえ直してみると「お地蔵さんを設置」には「罪の意識」という感情の要素が含まれていると考えられる。すると、この因果関係は次のように抽象化できる。

「指示されても」↓「人は動かない」
「感情が揺さぶられれば」↓「人は動く」

こちらも「禁止看板とお地蔵さん」という個別の具体事例を抽象化することで、広く応用可能な法則に発展したことがご理解いただけるはずだ。

このように、個別事例の因果関係を抽象化することで、特定のケースに依存せず、より幅広い場面で応用できる汎用的な法則へと発展させることができる。

STEP 3　得られた法則を応用し、行動につなげる

たとえば、先ほど導き出した「発見の楽しさがあれば↓人気が出る」という法則は、さまざまな業界で応用できる。

テーマパーク業界：アトラクションに「探索要素」を加えることで、来場者の満足度を高める。

観光業：「隠れた名所」を巡る体験を提供し、訪問者のワクワク感を引き出す。

オンラインサービス：「ガチャ要素」や「未知のコンテンツ」を組み込むことで、ユーザーの興味を継続させる。

このように、単なる「店舗の装飾」に関する話ではなく、広く適用できる法則として活かすことで、新たな価値を生み出すことができる。

また「感情が揺さぶられれば」↓「人は動く」という法則も、組織のリーダーシップやマーケティングに応用できる。たとえば次の通りだ。

●組織のリーダーシップ→「指示を出す」だけではなく、「社員の心を動かすビジョン」を語ることで、主体的な行動を引き出す。

●マーケティング戦略→直接的なセールスメッセージではなく、「顧客の感情に訴えるストーリーテリング」を活用し、購買意欲を高める。

このように、発見した因果関係を法則として整理するだけでなく、それを具体的な行動につなげることで、初めて実践的な価値を生み出すことができる。「この法則をどこで応用できるか?」を常に考えながら、積極的に行動に移していこう。

第7「大局」を見抜く力

日々の業務に追われていると、私たちはつい目先のことに目を奪われがちになってしまう。しかし、いくら小手先の改善を積み重ねたからといって、気がつかないところで構造的な変化が起これば、長期的な成功はおぼつかなくなる。そこで求められるのが「大局観」だ。

大局観とは、物事を部分的ではなく全体的にとらえ、目先を超えて長期的な影響や全体の構造を理解する力を指す。

たとえば、棋士が次の一手だけでなく、対局全体の流れや勝利への道筋を考えるように、ビジネスにおいても短期的な成果だけでなく、事業全体の方向性を見据える視点が求められる。

では、大局を見抜く力とはどのようなものなのか。そして、それを身につけることでどのようなメリットが得られるのか。これから詳しく掘り下げていこう。

「大局」とは何か？

大局観とは、物事を個別の要素や短期的な成果としてとらえるのではなく、全体像を俯瞰《ふかん》し、長期的な影響や広い文脈の中でとらえる力を指す。この力があれば、目先の状況に惑わされることなく、未来に向けた適切な判断ができるようになる。

大局観を持つ人は、鳥の目で物事を眺めるように高い視点から全体像を把握し、個々の要素を全体の中で位置づけて理解する。これによって、全体の構造や関係性、あるいは因果関係を把握し、適切な戦略を立てることが可能になる。

大局観は、あなたが可視化依存社会を生き抜くための必須のスキルだ。短期的な成果だけにとらわれると、長期的な成長の機会を失いかねない。全体を見渡しながらも個別の要素をおろそかにせず、未来への指針を見いだす力を磨くことが、ビジネスでも人生でも成功への鍵となるはずだ。

「大局」を見抜くメリット

メリット1

適切な意思決定ができる

大局を見抜く力があれば、短期的な利益や感情に流されることなく、全体を見渡しながら長期的に正しい判断ができるようになる。

たとえば、組織がコスト削減のために人員削減を検討する場面を考えてみよう。大局観を持っていれば、単にコスト削減効果だけを評価するのではなく、その決定が組織文化や従業員のエンゲージメント、さらには長期的な競争力にどのような影響を与えるかを見通すことができる。

このように、大局観を持つことは、目先の利益を追求するだけでなく、より広い視点で物事の影響をとらえ、持続可能な意思決定を導き出すための鍵となる。

メリット2

複雑な状況を整理できるようになる

現代のビジネスは多くの利害関係者が絡み合い、常に複雑な状況が存在する。これらに適切に対処するためには、全体を俯瞰し、各要素を整理しながら解決策を導き出す力、すなわち「大局観」が必要不可欠だ。

大局観を持つことで、目の前の問題だけにとらわれず、複雑に絡み合う要因や関係性を整理し、全体最適を実現するための道筋を描くことができる。

たとえば、都市再開発プロジェクトを考えてみよう。住民の意見、地元自治体の規制、環境保護の観点、さらには地域経済への影響などが、複雑に絡み合うはずだ。大局観を持つ人は、これらを俯瞰的にとらえ、利害を超え、持続可能な都市づくりを目指した計画を立案・実行できる。

メリット3

チームや組織をリードできるようになる

リーダーが大局観を持つことで、組織やチームのメンバーは迷わずに一貫性を持って前に進むことができる。特に部門間で意見が対立するような状況では、大局観を基に本質的な目的を示すことで、メンバー間の意識を統一し、チーム全体を正しい方向へ導くことができる。

たとえば、新製品の開発プロジェクトを考えてみよう。このような場面では、技術チームが「高性能な製品」を重視し、マーケティングチームが「市場投入のスピード」を優先するなど、意見が対立することがよくある。

このとき、大局観を持つリーダーは「顧客にとっての価値」という本質的な目的を説き、それぞれの意見を調整することでプロジェクト全体を成功に導くことが可能になる。

大局観を持つリーダーは、チームの迷いや対立を乗り越え、全員が共通の目標に向かって進むための羅針盤となる。

「大局」を見抜くためのマインドセット

大局観を身につけるには、単に情報を集めたり視野を広げるだけでは不十分だ。物事を多角的にとらえ、個別の要素が全体にどのように影響を与えるかを深く洞察する姿勢が求められる。

ここからは、大局を見抜くために必要なマインドセットについて解説する。このマインドセットを身につけることで、より高い視点から物事をとらえ、全体を見通した意思決定が可能になるはずだ。

全体を俯瞰する視点を持つ

マインドセットー

大局を見抜くためには、個々の要素や目先の現象にとらわれず、物事を高い視座から眺める姿勢が必要だ。高い視座を持つことで、個々の要素を客観的にとらえ、どのように結びつき、どう全体に影響を与えているのかを理解できるようになる。

たとえば、新規事業を立ち上げる際には、単に予算や目先の売上だけを見るのではなく、市場全体の動向や競合他社との関係性、事業が組織全体に与える影響を俯瞰的にとらえることが必要だ。

これらを俯瞰的にとらえることで、短期的な結果にとらわれず、事業全体の成功に向けた正しい判断が可能になる。

全体を俯瞰する視点を持つには、次のような問いを繰り返し投げかけることが有効だ。

自問する問い：「一つひとつの構成要素は、全体の中でどのような位置づけにあるのか？」

「個々の構成要素は、どのように影響し合い、全体の流れをつくっているのか？」

大局を見抜く力を磨くには、常に全体を俯瞰する視点を持ち、短期的な視点と長期的な視点を結びつける習慣を身につけることが重要だ。この力は、個人や組織の成功だけでなく、社会全体の発展にも寄与する大きな可能性を秘めている。

マインドセット2

因果関係を意識する

大局観を磨くには、目の前の結果だけにとらわれるのではなく、その背後にある原因と結果のつながり、すなわち因果関係を理解することが欠かせない。この習慣を持つことで、現在の出来事がどのような経緯で生じたのか、そして将来にどのような影響を及ぼすのかを見極める力を養うことができる。

たとえば、売上が低下している状況を考えた場合「販売数が減っている」という現象に一喜一憂するのではなく、消費者ニーズの変化、競合他社の動向、マーケティングの不備など、多角的な要因を探り、それらがどのように連鎖して現在の結果を引き起こしたのかを理解できるようになる。

さらに、その因果関係を長期的な文脈に置き換えて考えることで、短期的な利益追求だけでなく、競争力の強化や持続可能な成長を見据えた包括的な戦略を立てることができるはずだ。

自問する問い：「個々の要素には、その背後にどのような因果関係が隠れているか？」「その因果関係は、どのような未来を指し示しているか？」

因果関係を意識することは、大局的な流れを見抜くための土台となる。この習慣を持つことで、短期的な対応策と長期的な戦略をバランスよく進めることが可能になるだろう。

長期的な視点を重視する　マインドセット3

目先の利益や短期的な解決策だけに集中すると、長期的な成長を見失う。大局観を持つには、「この決定が未来にどのような影響を及ぼすか」という問いを常に意識し、長期的な視点で物事を考える習慣が必要だ。

たとえば、新製品を開発する場合、短期的な売上目標を達成するためにスピード重視のアプローチを取ることもある。しかし、長期的な視点を取り入れることで、その製品が市場で長く支持されるために必要な品質や顧客満足度、ブランドイメージの向上といった要素を見逃さずに済む。こうした視点を持つことで、短期的な利益にとどまらず、長期的な成功を見据えた戦略を立案することが可能になる。

自問する問い：「この判断は、1年後、5年後、10年後にどのような影響を与えるだろうか？」

「今の選択は、長期的な視点で見た場合、価値を持ち続けるだろうか？」

これらの問いを意識することで、長期的な視点を育み、大局を見据える習慣を身につけることができる。短期的な判断と長期的な成功をバランスよく調和させる力こそ、リーダーシップにおける不可欠な要素だ。

「大局」を見抜くための3ステップ

ここからは、大局を見抜き、より効果的な意思決定を行うための3つのステップを解説する（図20）。このステップをたどることで、複雑な状況を整理し、未来を見据えた行動を導き出す力を身につけることができるはずだ。

図20　大局を見抜くための3ステップ

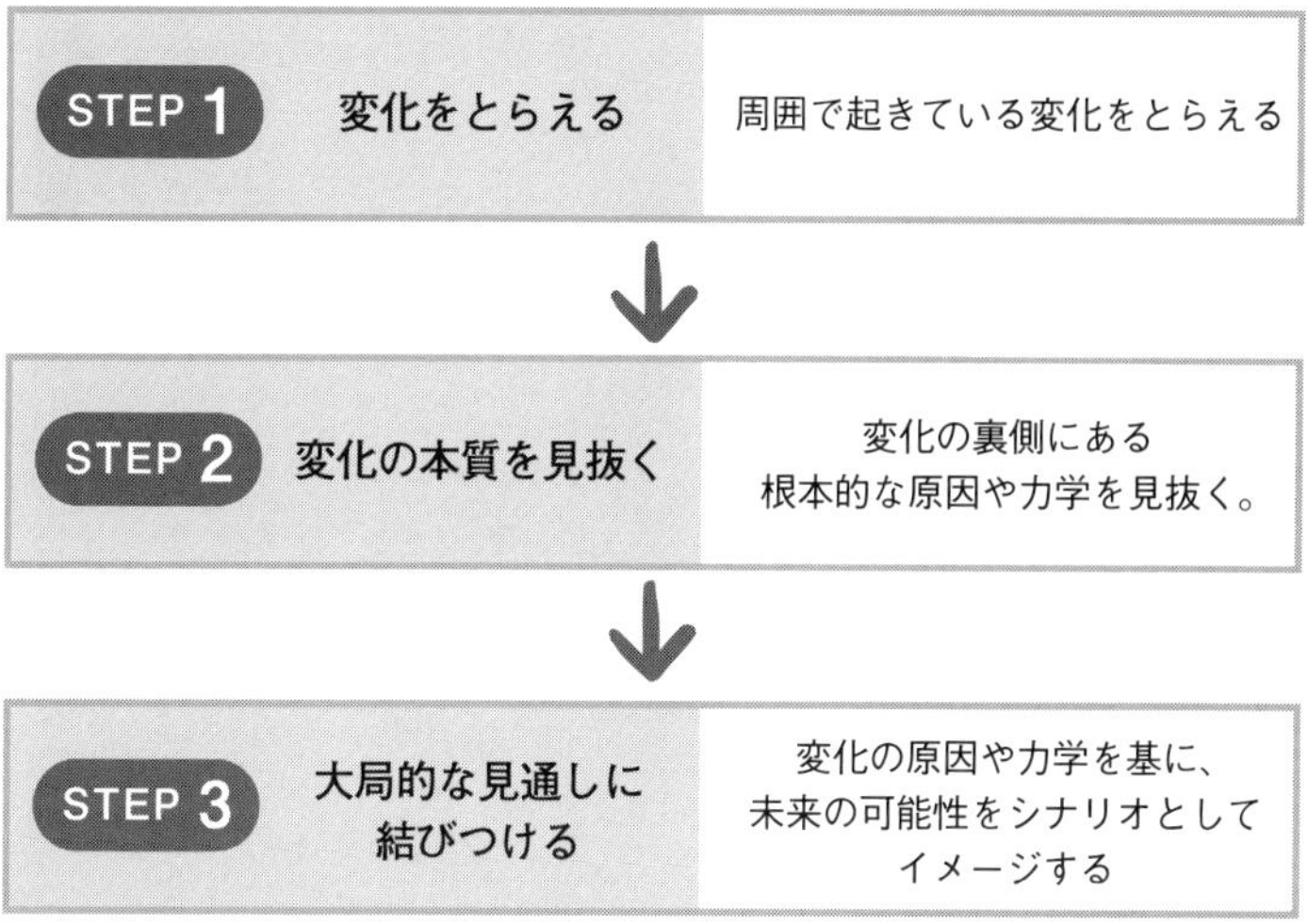
STEP 1
変化をとらえる
周囲で起きている変化をとらえる
STEP 2
変化の本質を見抜く
変化の裏側にある
根本的な原因や力学を見抜く。
STEP 3
大局的な見通しに
結びつける
変化の原因や力学を基に、
未来の可能性をシナリオとして
イメージする

STEP 1　変化をとらえる

大局を見抜く第一歩は、周囲で起きている変化を敏感にとらえることだ。市場のトレンド、顧客行動の変化、技術の進化などを的確にキャッチする力が、大局を見抜く出発点となる。

変化をとらえるとは、単に情報を集めることにとどまらない。その変化が何を意味し、どのような機会やリスクを新たに生み出すのかを深く考えることが本質だ。

この視点を持つことで、視野を広げ、組織や個人の行動を方向づけることが可能になる。

STEP 2　変化の本質を見抜く

変化をとらえた後に求められるのは、その裏側にある変化の本質を見抜くことだ。ここでいう本質とは、単なる表面的な変化ではなく、変化を引き起こしている根本的な原因や力学を指す。

たとえば、製品の売れ行きが一時的に落ち込んでいる場合、その原因が一過性の問題（天候不順や季節要因など）なのか、それとも消費者ニーズの変化や市場構造の転換といった根本的な変化なのかを見極める必要がある。この判断を誤ると、場当たり的な対応に追われるだけで、長期的な課題を解決できなくなる。

変化の本質を見抜くには、変化を引き起こしている原因と結果の因果関係を深掘りし、その全体像を明らかにすることが重要だ。

たとえば、消費者ニーズの変化が売上減少の主な原因である場合、その背後にある社会的な価値観の変化や、技術革新による購買行動の変化などを掘り下げる必要がある。単に「消費者の嗜好《しこう》が変わった」ととらえるのではなく、その変化がなぜ起きたのか、今後どのように進む可能性があるのかを明らかにすることで、将来的に有効な戦略を描くための道筋が見えてくる。

変化の本質を正確に見抜くことで、適切な対応策や長期的な戦略を立案する基盤が整うのだ。

STEP 3　大局的な見通しに結びつける

最後は、変化の本質を大局的な見通しに結びつけるステップだ。

このステップでは、過去や現在のデータだけに頼るのではなく、未来の可能性を多面的にとらえ、シナリオとしてイメージすることが重要だ。

たとえば「SNSの浸透による、社会の分断化」という本質的な変化を見抜いた場合、まずはその影響がどのように広がるのかを多面的に考えることが重要だ。

SNSによる分断がさらに進めば、個人の価値観や購買行動が変わり、企業のブランド戦略に大きな変化を迫るかもしれない。

たとえば、同じ価値観を共有する小さなコミュニティがいくつも生まれ、生活者がニッチな製品やサービスに引き寄せられる現象が加速するかもしれない。この場合、企業は大量生産・大量消費型のビジネスモデルから、特定のターゲット層にフォーカスしたパーソナライズ型の戦略へシフトする必要が出てくるだろう。

あるいは、社会全体の分断が深刻化すれば、企業の発言や行動が特定のコミュニティから強い支持を得る一方で、他のコミュニティから反発を受けるリスクが高まるかもしれない。これに対応するためには、自社の社会的存在意義を明確にし、社会全体を包摂するようなブランドメッセージが必要になってくるだろう。

このように、変化を単なる現象としてとらえるのではなく、その本質が未来の社会、経済、組織にどのような影響を及ぼすかを大局的に見通すことが必要だ。それができれば、将来をシナリオとしてイメージすることで、長期的な戦略を立てやすくなる。

大局を見抜く力は、単なる情報収集や分析のスキルにとどまらない。これまで解説してきた「意味」「原因」「目的」「特性」「価値」「関係」の6つの「本質を見抜く力」を駆使した総合力だ。

第三章

本質を見抜く視点力

視点という思考の起点

本質を見抜く7つの力——意味、原因、目的、特性、価値、関係、大局——は、一言で言えば、物事の本質を見抜くための「考える力」だ。しかし、物事を「考える」には、その手前で「そもそも、何について考えるべきなのか？」を見極める「視点力」が欠かせない。

たとえば、もしあなたが上司から「売上を上げる方法を考えろ」と言われたら、当然あなたは「売上」に視点を置き「売上」について考えるはずだ。しかしもし「売上を上げる方法を考えろ」ではなく「何かを考えろ」とだけ言われたら、あなたは「何について考えるべきか？」がわからず、思考の起点をつくることができない。結果、途方に暮れてしまうだろう。

このように、人は誰しも何らかの「視点」を置かない限り、思考の起点をつくれない。つまり「視点」がない限り「何について考えるべきか？」を明確にできず、物事を考えるスタートラインにすら立てないのだ（図21）。

図21　視点＝思考のスタートライン

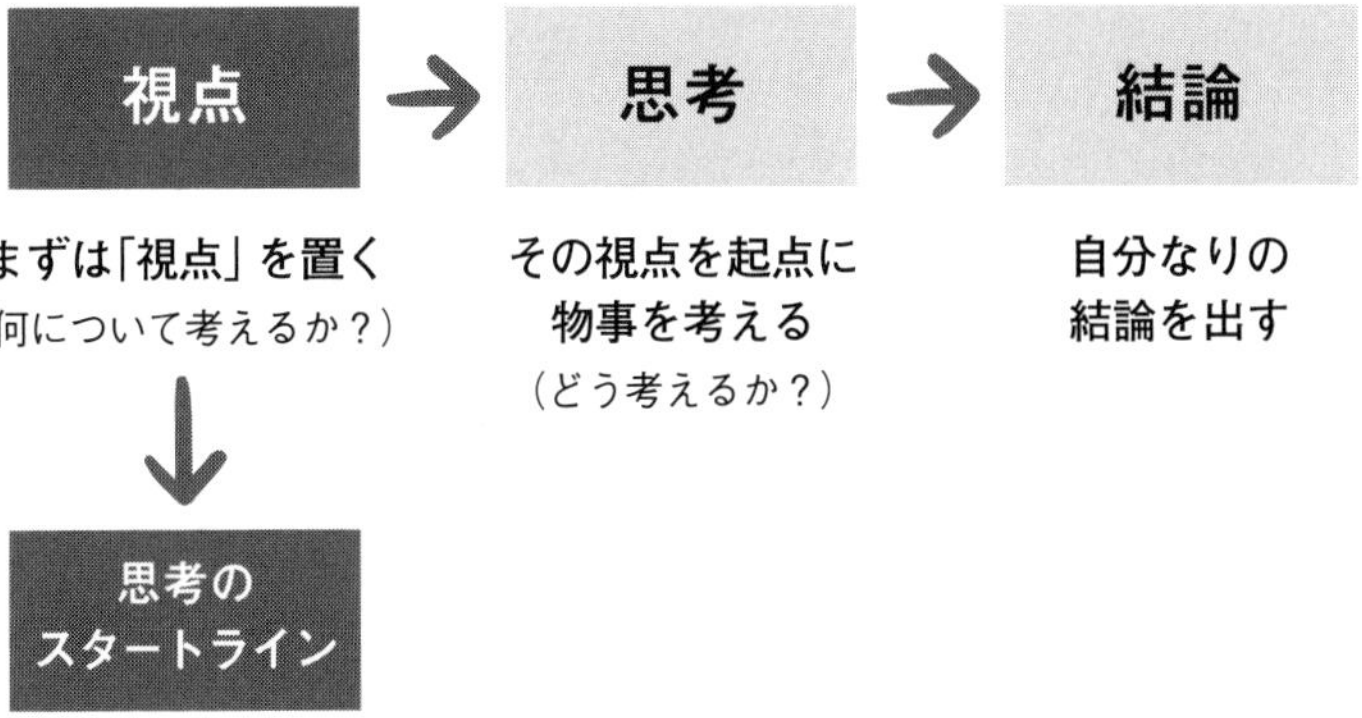

> 視点を置く→その視点で本質を考える→結論を出す

この公式を見ればわかるように、視点力こそが、思考を起動させ、本質に迫るためのスタートラインとなる。

よってこの章では、本質を見抜くうえで重要なスタートラインとなる「視点力」について紐解いていく。

「視点力」を身につければ、あなたはさまざまな「思考の選択肢」を生み出せるようになり「本質を見抜く」スピードが、劇的に上がるはずだ。

また、視点力が本質を見抜く7つの力とどのように補完し合い、相互に作用するのかについても詳しく解説しよう。

視点とは何か？

視点とは、物事をどの側面からとらえ、何に焦点を当てて考えるかという「着眼点」のことを指す。

人は誰しも「視点」を通してしか物事を考えることができない。別の言い方をすれば「何について考えるのか？」という思考の行き先は「視点」が決めてしまうともいえる。

どのような思考プロセスも、

①視点：まずは視点を置き、
②思考：その視点を起点に物事を考え、
③結論：自分なりの結論を出す。

というステップをたどる。もし「視点力」がなければ「そもそも、何について考えればいいのかがわからない」という状態に陥ってしまう。その結果「本質を見抜く」以前の段階で行き詰まってしまうことになる。

また、物事には多様な側面があるにもかかわらず、ほとんどの人はそのことに自覚的になれず「一つの側面から見た視点」にとらわれがちだ。

一つしか「視点」を持てなければ、出せる結論も一つになってしまう。もしその結論の筋が悪ければ、そこで行き詰まり、本質にたどり着くことはできない。

一方で、世の中には視点が鋭い人が存在する。

あなたも「視点が鋭い人」を見て「どうして自分はそれに気がつかなかったんだろう?」と悔しく感じたり、「すごい着眼点だなあ」と感心した経験はないだろうか。この正体こそが「視点の多さ」だ。

数多くの視点を持つ人は、たとえ同じ状況を眺めていても「気づきの量」や「気づく内容」が圧倒的に多い。彼ら彼女らは物事を多角的に見つめ、他の人が見落とすような側面にまで目を向けることができる。

さらに「視点の多さ」は、あなたの認識自体を致命的に決定づける。誤解を恐れずに言えば「あなたが見えている世界そのもの」を決定づけてしまうと言っても過言ではない。なぜなら、人は誰もが「自分の視点」を通してしか、世界をとらえ、考えることができないからだ。

このように考えると、「視点」は単なる物事の見方ではなく、「あなたが見ている世界そのもの」を決める重要な要素であることが理解できるだろう。

視点力の重要性

本質は、物事を成り立たせる核心であり、表面的な現象の裏側に隠れている。その本質を見抜くためには、一つの視点に縛られず、視点を柔軟に切り替える力が必要不可欠だ。

また、複雑な現象は一つの視点だけでは全体像をとらえきることは難しい。複数の視点を組み合わせることで初めて、全体と部分の関係性、過去と未来の連続性、さらには異なる特性や価値など、多面的な構造を明らかにできる。本質を見抜く力は、これらの視点をつなぎ合わせ、全体像を正確に把握したうえで、最も重要な核心を見抜く力だ。

また、視点を柔軟に切り替える力は、物事の本質を根本から問い直す力にもなる。

たとえば、あなたの目の前に一羽のニワトリがいたとしよう。そのニワトリを「食用」としてとらえれば、その価値はたかだか数百円程度に過ぎない。

しかし、視点を変えて「生んだ卵を売る養鶏用」としてとらえると、その価値はニワトリが将来産む卵の総数や、それを販売する収益の見込みに基づいて算出され、数千円から数万円にもなりうるだろう。あるいは「ペット」としてとらえれば、飼い主にとってそのニワトリは単なる物理的な価値を超え、情緒的なつながりや癒しを与える存在となり、プライスレスな価値を持つことになる。

このように、同じ物事でも視点次第で本質や価値が変わることは、珍しくない。視点は、物事の本質を見抜くための起点となる。この力を日常的に鍛え、習慣化することで、これまでとは異なる角度から物事をとらえ、物事の本質を見抜けるようになる。また、見抜いた本質を別の視点からとらえ直すことで新たな側面を発見し、新しい価値を創造できるようにもなるのだ。

「視点力」と本質を見抜く7つの力との関係

視点力×本質的な「意味」を見抜く力

視点力1

視点力は、相手の言動の裏側にある意図を適切に理解するために必要不可欠だ。なぜなら、本質的な意味を見抜く力を補完する役割を果たすからだ。

たった一つの発言内容であっても、そこにはさまざまな解釈がありうる。適切な解釈をするためには、その発言内容の背景にある「相手の経験」「置かれた状況」「価値観」などに視点を巡らせ、その背景と照らし合わせることで初めて、相手の言葉の真の意味が浮かび上がる。

視点力があれば、相手の言葉の表面的な内容だけでなく、その裏に隠された背景や意図を読み取りやすくなる。本質的な意味を見抜くには、柔軟で多角的な視点を持つことが鍵となる。

視点力×本質的な「原因」を見抜く力　視点力2

視点力は、隠れた原因を見つけ出すためにも欠かせない力だ。

物事の根本原因は、一つの視点だけではたどり着けない。たとえば、利益が減少している原因は、売上サイドで見ただけでも「社会動向の変化」「顧客ニーズの変化」「競合の動き」「自社組織の弱み」など、複数の仮説がありうる。またコストサイドで見ても「原価の上昇」「経費の上昇」「金融費用の上昇」などがありうるだろう。

このように、多角的な視点を持つことで初めて、さまざまな仮説を立て、根本原因を見抜き、本質的な解決策を導き出せるようになるのだ。

視点力×本質的な「目的」を見抜く力　視点力3

視点力は、目先の目標に惑わされず、本質的な目的を見極めるためにも重要だ。

人は一つの視点にとらわれると、目先の目標に気を取られて、その先にある本来の目的を見失うリスクが高まる。

たとえば社員研修を行う場合「年間200名の受講者を確保する」という目標が設定されているとしよう。この数字を達成することだけに集中してしまうと、研修の本来の目的を見失う。「なぜこの研修が必要なのか?」を考え、多角的に視点を巡らせれば「業務効率を上げるため」なのか「次世代リーダーを育成するため」なのか、または「組織全体のスキルセットを底上げするため」なのかといった、さまざまな視点で仮説を立てることができるようになるはずだ。

視点力を身につければ、単なる数値目標の達成にとどまらず、目標の背後にある本質的な目的を見極められるようになる。

視点力×本質的な「特性」を見抜く力

視点力4

本質的な特性を見抜くには、視点力が欠かせない。なぜなら一つの視点だけに固執すると、物事の特性の一部しか見えず、別の可能性に目が向かなくなるからだ。

たとえば「紙」について考えてみよう。紙は、視点によってその特性を変える。「書き込むもの」という視点でとらえると「情報を記録する」という特性が見いだせる。一方で「包むもの」という視点でとらえると「保護や運搬」という特性になるだろう。「拭くもの」という視点では「吸水性」の特性が見えてくる。さらに「折るもの」や「敷くもの」として考えれば、「形を変える柔軟性や表面の質感」といった特性が浮かび上がる。

このように、視点力を養うことで、一つの物事の背後に潜む、複数の特性を見抜けるようになるのだ。

視点力×本質的な「価値」を見抜く力

視点力5

価値は、見る人や状況によってその様相を変える。そのため、視点力がなければその本質を正確に見抜くことは難しい。

たとえば、一杯のコーヒーを考えてみよう。「飲むもの」という視点では、缶コーヒーは100円ちょっとの飲み物だ。しかし、「リラックスできる時間をもたらすもの」という視点でとらえると、カフェでは500円相当になる。「社交の場を演出する」という視点でとらえると、コーヒーは人と人をつなぐきっかけとなり、関係性を深める価値が生まれるだろう。高級ホテルでは1000円程度の価格となるはずだ。そのコーヒーがフェアトレードで取引されているなど「地域経済への貢献」という社会的な視点で見れば、生産地の経済や生活に対する価値が加わる。

このように、視点力を駆使して物事のさまざまな側面に光を当てることで、真の意義を見いだし、それを最大限に活かせるようになるのだ。

視点力×「関係」の本質を見抜く力　視点力6

本質的な因果関係を見抜くには、多様な視点が欠かせない。

たとえば「社員の退職が増えている」という現象が起きているとしよう。「給与が低いから→退職する」という視点もあれば「職場の人間関係が悪いから→退職する」「キャリア成長の機会が足りないから→退職する」「柔軟な働き方ができないから→退職する」など、さまざまな視点が考えられる。

さらに、これらの背後にある共通点を見抜ければ「人は自己成長を実感し、自分の存在が周囲に認められる環境があれば→働き続ける」という普遍的な法則を導き出すことができる。この法則を起点に施策を考えることで、単なる離職率の改善にとどまらず、従業員エンゲージメントを向上させ、組織全体の活性化を実現するアクションを取れるようになる。

このように多様な視点と深い洞察を組み合わせることで、普遍的な法則を見つけ出すことができる。さまざまな現象の本質的な関係性を解明し、未来に活かすことができるのだ。

視点力×「大局」を見抜く力

視点力7

物事の大局を見抜くには「全体の視点↔部分の視点」「原因の視点↔結果の視点」「短期的な視点↔長期的な視点」「物事の本質的な特性や価値を見抜く視点」など、さまざまな視点の総合力が求められる。

たとえば、事業戦略を立案する際には、短期的な市場の動向（短期的な視点）だけでなく、その背後にある顧客の根本的なニーズや業界の変化（長期的な視点）を理解する必要がある。同時に、製品開発や営業活動などの個別な取り組みが、全体のブランド価値や競争力にどのように影響を及ぼすのか（全体の視点↔部分の視点）を検討しなければならない。

さらに、ＡＩやデジタル技術の特性を見抜き、業界全体にどのような大局的な変化をもたらすのかを考えれば、自社の次の一手をより戦略的に定めることができるだろう。

視点力が大局観にもたらす影響は絶大だ。大局を見抜く力に視点力を加えれば、状況を俯瞰的に眺めるだけでは見えない洞察を得て、長期的な成功に向けた道筋を描くことができるのだ。

「視点力」を身につける

視点力は、短期間で簡単に身につくものではない。日々の習慣の積み重ねによって徐々に磨かれるものだ。

常識を疑い、対立概念を探り、フレームワークを効果的に活用すれば、多角的な視点を持つ思考が自然と身についていく。

日々の思考習慣を見直し、柔軟な視点を持つことは、ビジネスだけでなく人生そのものを豊かにする一歩となるはずだ。

思考習慣1 常識を疑う

視点力を身につけるための第一歩は、常にこれまでの常識を疑う習慣を持つことだ。

常識とは、多くの人々が当然だと思い込んでいる視点や価値観、習慣やルールなどを指す。これらを「当たり前のもの」として受け入れ続けると、やがて固定観念化し、新しい発見や洞察の機会を逃してしまう。

よって、常に「これは当たり前だ」という常識を疑うことが視点力を養ううえでの重要な鍵となる。次のようなアプローチを通して、常識を疑い、新たな視点を得ることが可能となる。

①常識を疑う

視点力を身につける第一歩は、自分がどのような常識にとらわれているのかを意識的に振り返ることだ。自分が縛られている「当たり前」に自覚的になることが、視点力を高めるうえでのスタートラインとなる。

このことを理解するために、いくつかの例を示そう。

例1：新製品の価格設定

常識　「価格が安ければ顧客を引きつけられるはずだ」

気づき　本当に価格だけが顧客の判断基準なのか？　品質やアフターサービス、ブランド価値の影響も考慮する必要があるのではないか？

例2：働き方の常識

常識　「対面での会議が効果的だ」

気づき　リモート会議のほうが資料の共有がスムーズで、移動時間の削減により効率が上がる場合もある。逆に対面が適しているのはどのような場面か？

例3：製品開発の常識

常識　「競合に対抗するには、競合製品が搭載している機能を全部取り入れるべきだ」

気づき　競合と同じ機能を追求するよりも、独自の価値や特化した機能を強調したほうが差別化につながるのではないか？

例4：事業拡大の常識

常識　「市場規模の大きい領域に参入すべきだ」

気づき　競争の激しい大市場よりも、特化したニッチ市場でリーダーシップを取る戦略のほうが成功確率が高いのではないか？

例5：業務の常識

常識「業務改善は、効率を追求すればうまくいく」

気づき 効率ではなく、従業員の満足度や創造性を高める環境づくりのほうがうまくいくのではないか？

自分が縛られている常識に気づくことは、物事を多面的にとらえる出発点となる。この一歩を踏み出すことで、あなたは常識を疑い、視野を広げ、これまで気づかなかった可能性を発見できるようになるはずだ。

②暗黙の前提を疑う

私たちが日常的に従っている常識の裏側には、多くの場合、自覚されていない「暗黙の前提」が隠れている。この前提が正しいと思い込んでいる限り、新たな視点を見いだすことはできない。

もし、自分が常識にとらわれていることに気づいたら、その裏側にある「前提」を見抜き、「その前提は本当に正しいのか？」と問い直してみよう。

この問い直しのプロセスを通じて、既存の枠組みから解放され、これまで見えていなかった新たな視点を得ることができる。
以下、具体的な例を示してみよう。

例1：製品ラインナップ
常識　「製品の選択肢を増やせば顧客は満足する」
暗黙の前提を疑う　選択肢が多いことは、必ずしも顧客にとって利便性を高めないのではないか？
新たな視点　顧客が求めるのは「選択肢の質」であり、厳選された少数の製品ラインナップのほうが満足度を高める。

例2：会議のあり方
常識　「会議は全員の参加が必要だ」
暗黙の前提を疑う　すべてのメンバーが参加したからといって、良いアイデアは生まれないのではないか？
新たな視点　必要な関係者だけが参加し、それ以外は議事録を共有する形のほうが、時間の有効活用と生産性の向上につながる。

例3：製品開発

常識　「顧客のニーズに応える」

暗黙の前提を疑う　顧客は、自分のニーズを認識していないのではないか？

新たな視点　顧客の想像を超える製品を開発することで、新たな市場を切り拓ける。

例4：ビジネスの成功

常識　「事業の成功には、まず規模の拡大が必要だ」

暗黙の前提を疑う　規模を拡大することが、本当に持続可能な成功を保証するのか？

新たな視点　規模の拡大よりも特化したサービスやニッチ市場での独自性のほうが競争優位を生む。

例5：リーダーの役割

常識　「リーダーは常にチームを先導すべきだ」

暗黙の前提を疑う　リーダーがすべてを指示することが、本当に最適なのか？

新たな視点　リーダーが「指揮者」ではなく「支援者」として行動することで、メンバーの主体性や創造力を引き出せる。

常識の裏側にある暗黙の前提を疑うことは、視点を広げ、新たな可能性を見つけるための重要な鍵だ。暗黙の前提に気づき、その妥当性を問い直すことで、これまで見えていなかった新たな側面を発見できる。

このような習慣を身につけることで、思考が柔軟になり、多面的に物事をとらえる力が養われるはずだ。

真逆の視点を考える

思考習慣2

視点力を身につけるには、あえて真逆の視点を考えてみることも有効だ。

多くの場合、人は物事を一つの側面だけでとらえがちだ。その結果、別の可能性に思いが至らなくなる。たとえば「安い価格は顧客を引きつける」という考え方にとらわれると、価格以外の要因（品質、ブランド、利便性など）が見落とされがちだ。

しかし、あえて「価格が高いほど価値が伝わる」という真逆の視点を考えることで、別の新たな可能性が見えてくる。

意識的に真逆の視点に目を向けることは、あなたの思考の幅を広げてくれる。あえて逆の方向性を模索することで、これまで見過ごしていた選択肢に気づけるようになるのだ。

では、どうすれば真逆の視点を考えられるようになるのか？　そのポイントについて説明しよう。

①考えを真逆に転換する

日常的に「真逆」を考える

日常的に「真逆」の視点を考えることは、視野を広げ、新たな可能性を発見するための有効な方法だ。どのような考えに対しても、それを鵜呑みにせず「あえて真逆を考えるとどうなるだろう？」と問いかける習慣を持つことで、思考の幅が自然と広がっていく。

たとえば「顧客満足度を上げるには対応スピードを上げるべきだ」という考え方に対して、「あえて対応スピードを遅くしても、質の高い対応をすることで顧客満足度が向上するのではないか？」といった真逆の視点を試してみることで、従来とは異なる解決策やアプローチに気がつけるはずだ。

既存の成功事例を逆手に取る

既存の成功事例をあえて逆手に取って考えることも、新たな可能性を探る有効な方法だ。

たとえば「多店舗展開が売上を伸ばす」という成功パターンが一般的だとしても「店舗数を減らしても、ブランド価値を高める戦略が成り立つのではないか？」と逆の視点で問い直すことで、これまで気づかなかった新しい成功法則を発見するきっかけになる。

このように、成功事例をそのまま受け入れるのではなく、それを疑い、真逆のアプローチを検討する姿勢は、思考を柔軟にし、新しい視野を切り拓くきっかけになる。また、従来の競争ルールを超えた独自の戦略を見つけるための鍵ともなるだろう。

違う立場で考える

さらに「違う立場で考える」ことも視点力を身につけるうえで有効だ。たとえば、顧客の視点からサービスを評価するのは一般的だが、競合の視点に立つことで、自社の強みと弱みを客観的に見直すことができる。このアプローチにより、従来の発想では気づかなかった課題を浮き彫りにし、改善の方向性を明確にすることができる。

これらの方法を取り入れることで、真逆の視点が日常の思考習慣となり、視点力を高めるだけでなく、より柔軟で創造的な意思決定につながる。

②第三の視点を見いだす

人は誰しも、目の前に選択肢を示されたら「一つしか選べない」と思い込んでしまいがちだ。「第三の視点を見いだす」とは、「どちらか一方を選ぶ」という単純な二択ではなく、両者の視点を統合し、新たな選択肢を見つけ出す頭の使い方を指す。

たとえば、製品の標準化とカスタマイズというテーマを考えてみよう。

標準化すればコスト削減や効率化が期待できる一方で、顧客の多様なニーズに対応できなくなる恐れがある。反対に、カスタマイズを優先すると顧客の多様なニーズに対応できるかもしれないが、コストの増加や運用の複雑化が課題となる。

このような対立を「標準化か、カスタマイズか」という二項対立で終わらせるのではなく、両者の特性を活かす統合的な視点でとらえてみよう。たとえば「コストを抑えつつ多様なニーズに応えるにはどうすればいいか?」という一見矛盾した問いを設定し、その解決策を模索するのだ。

すると、基本部分を標準化しつつ、必要に応じてアドオンでカスタマイズ可能な仕組みを取り入れる、といった打ち手が浮かび上がる。

この思考法のポイントは、対立する要素のどちらか一方を選ぶのではなく、それぞれの特性を活かして、両立可能な第三の視点を探ることにある。

対立する視点を統合的に考え、第三の視点を見いだす習慣を持つことで、これまで見逃していた解決策や創造的なアイデアが生まれる。これこそが、視点力を高め、柔軟で革新的な思考を育むための重要なステップだ。

5W1Hフレームワークを活用する

思考習慣3

視点力を身につけるには、フレームワークを活用することも効果的だ。フレームワークとは、複雑な状況をシンプルな視点でとらえる枠組みのことを指す。この枠組みを利用することで、見逃されがちな視点をカバーしつつ、物事を体系的にとらえることが可能になる。

中でも「5W1H（Who, What, When, Where, Why, How）」は、基本中の基本でありながら汎用性が高いフレームワークであり、さまざまな状況で活用できる。5W1Hというと、つい基本すぎてスルーしがちだが「骨までしゃぶりつくす」ことで、視点力を身につけるためのフレームワークになるのだ。

①Who（ヒト）軸：立場を入れ替えて考える

視点力を身につけるには、立場を入れ替えて物事を考える習慣を身につけることが極めて有効だ。

たとえば、顧客の立場から製品を見直してみよう。企業側が「使いやすい」と信じている製品でも、顧客の視点から見ると「わかりにくい」「複雑」と感じられる場合がある。このギャップに気づくことで、顧客の本当のニーズをとらえ、製品を改善するきっかけを得られる。

また、社会の視点を取り入れることで、製品がどのように社会全体に影響を与えているかを考えられるようになる。たとえば、環境に配慮した製品を提供することは、持続可能性を重視する現代において、顧客からの信頼を得るための大きな要素となるはずだ。社会的な視点を持つことで、短期的な利益だけでなく、長期的なブランド価値の向上を目指すことができる。

このように、Who（ヒト）軸を切り替えて考える習慣を身につけることで、新たな視点や価値の発見につながる。

②What（モノ）軸：対象を入れ替えて考える

視点力を身につけるためには、着目する対象を意識的に入れ替えてみることも効果的だ。「What（モノ）軸」は、着目するポイントを変え、新たな側面を発見する際の助けとなる。

たとえば、製品について考えてみよう。「製品そのもの」を対象に考えるのではなく「その製品がどのように使われているか？」に対象を入れ替えて考えることで、真の価値が見えてくることがある。

もしあなたがアウトドア用品メーカーの製品開発担当者なら、アウトドア用のランタンを製品として考えるのではなく、利用される場面（キャンプの夜、非常時など）に着目すると、明るさだけでなく「軽量性」や「携帯性」「ソーラー充電機能」といった新たな価値が見えてくる。

このように、着目する対象を製品ではなく、使用シーンや文脈に変えることで、価値の再発見が可能になる。

あるいは、製品単体にとどまらず、着目する対象を関連するサービスに広げて考えることで、これまで気づけなかった可能性が広がる。

たとえばスマートフォンを例にすると、単にデバイスの性能を高めるだけでなく、クラウドストレージ、アプリ、修理サービスといったエコシステム全体を視野に入れることで、製品単体では生まれない付加価値を生むことができる。

Ｗｈａｔ（モノ）軸を活用し、注目する対象を柔軟に入れ替える習慣を持つことで、新たな視点が得られ、従来の枠組みを超えた革新的な発想につながるはずだ。

③Ｗｈｅｎ（時間）軸：時間をずらして考える

視点力を身につけるには、時間軸をずらして考える習慣も身につけたい。

「Ｗｈｅｎ（時間）軸」を入れ替える習慣を持てれば、過去の教訓や歴史的な流れを振り返ることで、現在を正確に位置づける力が養われる。また、未来に向かって短期的な成果を追求しつつ、同時に長期的な目標を見据えた戦略を考えることもできるようになる。

短期的な視点では、即効性のある行動や成果にフォーカスすることで、スピーディーな問題解決が可能になる。目の前の課題に集中することで、改善のための具体的なアクションを見いだすことができるだろう。一方で、短期的な視点に目を奪われすぎると、大局的な判断を見失うリスクもある。

長期的な視点に目を向けると、目先の成果に左右されず、大局的に将来を見通すことが可能となる。長期的な時間軸で物事をとらえ直すことで、今の行動が未来にどう影響を与えるかを予測し、持続可能な戦略を設計できる。

Ｗｈｅｎ（時間）軸を自由に行き来する視点を持つことで、目先の問題に振り回されることなく、過去の教訓を活かしながら未来に備える大局的な判断力が身につくはずだ。

④Where（空間）軸：範囲を入れ替えて考える

「Where（空間）軸」を入れ替える習慣を持つことで「全体像を俯瞰する視点」と「細部に着目する視点」を自由自在に横断することが可能になる。

全体的な視点を持てれば、物事を包括的にとらえ、全体の流れや構造を把握できる。この視点を持つことで、部分的な成功が全体に与える影響や、全体の目標を達成するための優先順位を見極めることが可能になる。

一方で、全体的な視点だけでは見落としがちな細部の課題を見つけるには、部分的な視点に切り替える。これにより、特定の要素やプロセスの中に潜む改善点を見つけ、実行可能な解決策を導き出すことができる。

「全体と部分」というWhere（空間）軸を意識的に切り替えることができれば、部分的な課題を解決するだけでなく、その解決策が全体にどのような影響を与えるかも見抜けるようになる。

Where（空間）軸の活用は、全体像の理解と具体的な改善の両立を可能にし、問題解決や戦略立案において大きな効果を発揮する。

⑤Ｗｈｙ（目的）軸：目的や存在理由を入れ替えて考える

ビジネスは多くの場合、何らかの目的に基づいて行われている。しかし、その目的自体を問い直し、再定義することで、これまで見えていなかった新たな可能性を見いだすことができる。

目的を入れ替えれば、物事の取り組み方は根本的に変わる。従来の方法では到達できなかった結果や、新たな価値を創造することが可能になる。

たとえば製品開発において「売上を最大化する」という目的を「顧客の生活の質を向上させる」という目的に変えると、機能重視の設計だけでなく、使いやすさやデザイン、アフターサービスといった新たな価値が重視されるようになる。

また存在理由を見直すことは、物事の方向性を再評価するきっかけとなる。新しい価値を発見するだけでなく、過去に縛られることなく、柔軟な発想が可能になる。

たとえば飲食店の存在理由を「食事を提供する」から「地域コミュニティの場を提供する」に変えると、単なる料理の提供にとどまらず、ワークショップやイベントの開催など、地域住民同士の交流を促す場としての価値を生み出すことができる。これにより、単なる飲食店から地域に根差したコミュニティの中心へと進化する可能性が拓ける。

Ｗｈｙ（目的）軸の再定義は、意思決定や行動の背景にある「なぜ」を再確認する手助けとなり、新しい選択肢や価値を生み出すきっかけとなる。

⑥How（方法）軸：アプローチを入れ替えて考える

たとえ目的は同じでも、How（方法）軸を入れ替えるだけで異なる結果や新たな可能性が拓けることは少なくない。現在のやり方に固執せず、他の手段や方法を意識的に検討することで、より効率的かつ効果的な解決策やアイデアを見つけることができる。

How（方法）軸を活かす第一歩は、現状のアプローチを見直し、その方法が抱える課題や制約を洗い出すことだ。既存のやり方に固執すれば、視野が狭まり、同じ問題に何度も直面してしまう。

現在の方法が行き詰まったと感じたときには、他業界や異なる分野で成功しているアプローチを参考にすることが有効だ。たとえば製造業で広く使われている「トヨタ生産方式」の効率化モデルをオフィス業務の改善に応用するなど、異分野の知識や手法を取り入れることで、新しい解決策が見つかる可能性が高まる。

さらに、How（方法）軸を見直す際には、既存の手段をすべて否定するのではなく、新旧の方法を組み合わせたハイブリッド型のアプローチを試みるのも効果的だ。

たとえば、教育分野では、オンライン授業と対面授業を組み合わせる「ハイブリッド学習」

がその一例だ。オンラインで基礎知識を習得し、対面では議論や実践を重視することで、学習効果を最大化している。

カスタマーサポートの例では、従来の電話対応と新しいＡＩチャットボットを組み合わせるケースがある。簡単な質問にはチャットボットがスピーディーに対応し、複雑な問題や感情的な対応が必要なケースは電話での個別対応に切り替えることで、効率と顧客満足度を両立させる。

Ｈｏｗ（方法）軸を活かすには、定期的に「今の方法が本当に最適か？」を問い直す習慣を持つことが重要だ。この問い直しを通じて、現状の方法の課題や限界に気づき、新たな手法を導入する柔軟性が養われるはずだ。

視点の種類について

視点には正解がなく、身につけることは簡単ではない。しかしビジネスの世界では、ある程度決まったものの見方や視点が存在する（図22）。

ここからは、本質を見抜くうえで身につけておきたい14の視点を紹介していこう。ぜひ、物事の本質を見抜くうえでの手がかりにしてほしい。

「目的」と「手段」の視点

視点の種類1

あらゆる物事には「目的」と「手段」が存在する。「手段」だけが独立して存在することはありえない。手段とは常に目的を達成するために必要なものであり、目的があって初めて意味を持つからだ。

図22　視点の種類

1	「目的」と「手段」の視点	8	「統一性」と「多様性」の視点
2	「全体」と「部分」の視点	9	「異質」と「類似」の視点
3	「原因」と「結果」の視点	10	「フロー」と「ストック」の視点
4	「短期」と「長期」の視点	11	「有形」と「無形」の視点
5	「物理性」と「意味性」の視点	12	「ポジティブ」と「ネガティブ」の視点
6	「効果」と「効率」の視点	13	「増やす」と「減らす」の視点
7	「質」と「量」の視点	14	「リスク」と「リターン」の視点

もし「いま考えているのは手段だ」と気づいたら「その手段の目的は何か？」と視点を切り替え、逆に「いま考えているのは目的だ」と認識した場合には「その目的を達成するための適切な手段は何か？」と視点を切り替えてみよう。

もし「目的の視点」と「手段の視点」を自由自在に横断する力を身につけることができれば、手段が目的化することなく、本来の目的に向かってブレない実行力を発揮できるようになる。

目的は、進むべき方向を示す羅針盤の役割を果たし、手段はその方向に向かって加速するエンジンの役割を担う。目的を見失えば、どんなに優れたエンジンを搭載しても、進むべき道を誤る。一方で、手段を軽視すれば、目的地にたどり着くための歩みが止まってしまうはずだ。

「全体」と「部分」の視点

視点の種類2

あらゆる物事には「全体」と「部分」が存在する。全体と部分はお互いに密接に関連しており、全体がなければ部分の役割を見抜くことができず、部分を無視すれば全体の成り立ちは理解できない。

もし「いま考えているのは部分だ」と気づいたら「この部分は全体の中でどのような役割を果たしているのか？」と視点を切り替えよう。逆に「いま考えているのは全体だ」と認識した場合には「全体を構成している部分は何か？」と問い直してみる。

このように全体と部分を越境する視点を持つことで、細部にとらわれず、大局的な視野で物事をとらえられるようになる。

「全体の視点」と「部分の視点」を切り替える力を身につければ、部分に埋没することなく、全体の目的に沿った実行力を発揮することができる。この力があれば、全体を見失うことなく、部分を活かしながら持続的な成果を上げる道筋を描けるようになるはずだ。

「原因」と「結果」の視点

視点の種類3

あらゆる物事には「原因」と「結果」が存在する。結果は必ず何らかの原因によって引き起こされる。原因と結果は表裏一体の関係にあり、この関係を見極めることができなければ、本質的な問題解決は難しくなる。

もし「いま考えているのは結果だ」と気づいたなら、「その結果を引き起こしている原因は何か?」と視点を切り替えてみよう。逆に「原因について考えている」と感じた場合には、「この原因がもたらす結果は何か?」と問い直してみよう。このように視点を柔軟に切り替えることで、目先の結果だけを追う場当たり的な対応や、原因の理解だけで終わる中途半端な分析に陥ることを防ぐことができる。

原因と結果の視点を持つことは、単なる問題解決にとどまらない。原因を正確に把握し、結果を予測することで、短期的な対応策だけでなく、長期的に持続可能な戦略を考えることが可能になる。この視点は、課題解決をより効果的にし、未来に備えるための強力な武器となるはずだ。

「短期」と「長期」の視点

視点の種類4

あらゆる物事には「短期」と「長期」の視点が存在する。短期的な視点は即効性のある成果をもたらす一方で、長期的な視点は持続可能な成長や安定をもたらす。これらの視点は互いに補完関係にあり、どちらか一方だけに偏ることは適切な判断を阻む原因となる。

もし「いま考えているのは短期的な視点だ」と気づいたら「その行動が長期的にどのような影響をもたらすか？」を問い直してみよう。逆に「長期的な視点だけに目を向けている」と感じた場合には、「今この瞬間に必要なアクションは何か？」と短期的な行動に視点を切り替えることが重要だ。このように視点を柔軟に切り替えることで、短期と長期のバランスを保ちながら、より効果的な意思決定が可能になる。

「短期の視点」と「長期の視点」を自由に切り替え、相互に活用する力を身につければ、瞬時の判断力と持続的な戦略思考を兼ね備えた柔軟な行動が可能になる。この力が、目先の成功と長期的な成長の両方を手にするための鍵となる。

「物理性」と「意味性」の視点

視点の種類5

すべての物事には「物理性」と「意味性」の2つの側面が存在する。「物理性」とは、物事の形や動き、具体的な数値といった客観的な側面を指す。一方「意味性」は、その物事が人や社会にとって持つ価値や意義、あるいは解釈を指す。

たとえば、新製品を企画する場面を思い浮かべてみてほしい。その製品の「物理性」としては、サイズや重量、製造コスト、機能性といった客観的な要素が挙げられる。一方で「意味性」は、その製品が顧客にどのような価値を提供するのか、どのような課題を解決するのかといった観点で考えられる。この両方の視点を行き来しながら検討することで、顧客にとって魅力的な製品が完成する。

また、プロジェクトマネジメントを例に取ると、スケジュール管理やリソース配分といった「物理性」が必要だが、それだけではプロジェクトの成功は保証されない。「このプロジェクトが顧客やステークホルダーにとってどのような意義を持つのか?」という「意味性」も同時に考慮することで、チーム全体が共通のゴールに向かって進むことが可能になる。

「物理性の視点」と「意味性の視点」を自由に切り替える力を身につければ、単なるデータや事実を並べるだけでなく、それを使って価値のある解釈を生み出すことができる。一方で、意味を考える際にも、現実的で具体的な物理的条件を無視することなく、より実行可能なアイデアを導き出せるようになる。

「効果」と「効率」の視点

視点の種類6

あらゆる行動や施策には「効果」と「効率」の2つの側面が存在する。

「効果」とは、目標に対してどれだけの成果を生み出せるかを意味し「効率」とは、どれだけ少ない資源で成果を達成できるかを示す。これらは相互に補完関係にあり、どちらか一方だけを重視することは適切な判断を妨げる原因となる。

もし「いま考えているのは効果の側面だ」と気づいたら「その効果を発揮するために、効率よく進める方法は何か？」と問い直してみよう。逆に「効率にばかり意識が向いている」と感じたら「本来目指すべき効果は何か？」と視点を切り替える必要がある。このように視点を自由に行き来させることで、効果と効率のバランスを取りながら、目標達成に向けた最適な方法を考えられるようになる。

効果は、投入する資源の量に比例する。一方、効率は「あなたの工夫の度合い」に依存する。

「効果の視点」と「効率の視点」を自由自在に切り替える力を身につければ、成果を最大限に高めながら、無駄な労力を最小限に抑えることが可能になる。

「質」と「量」の視点

視点の種類7

あらゆる成果や取り組みには「質」と「量」の両方の側面が存在する。この2つは互いに補完し合う関係にあり、どちらか一方だけに偏れば、本来の目的達成を阻む原因となる。質は成果の深さや価値を表し、量はその規模や広がりを意味する。これらをバランスよくとらえることが、より良い成果を得るための鍵となる。

もし「いま考えているのは質だ」と気づいたら「その質のインパクトを出すためには、どれだけの量が必要なのか?」と問い直してみよう。逆に「量だけに意識が向いている」と感じたら「その量は、どれほどの質を伴っているのか?」と視点を切り替える必要がある。このように質と量の視点を自由に行き来することで、両者を最適に組み合わせたアクションを取ることが可能になる。

質は、成果そのものの価値を高める役割を果たし、量はその価値を広く届ける役割を担う。この2つを同時に考えることができれば、限られたリソースを最大限に活用し、目的を効果的に達成する道筋が見えてくるはずだ。

「統一性」と「多様性」の視点

視点の種類8

「統一性」と「多様性」は、しばしば対立するように見える。しかし実際は、相互に補完し合う関係だ。

統一性は全体としての一貫性を生み出し、方向性を明確にする。一方で、多様性は柔軟性と創造性をもたらし、変化や進化を促す。それぞれの視点を適切に切り替え、バランスを取ることが、持続的な成功への鍵となる。

たとえば、企業のブランド戦略を考えてみよう。「統一性」の視点では、ブランド全体のメッセージやビジョンが一貫しているかが問われる。顧客に対して一貫性のあるイメージを提供することで、信頼と認知を高めることができるはずだ。

一方「多様性」の視点では、異なる市場や顧客層に対して、それぞれのニーズに応じた柔軟な対応が求められる。同じブランドでも、地域や文化に合わせてコミュニケーション手法を変えることで、幅広い顧客層にリーチすることが可能になる。

もし「いま考えているのは統一性だ」と気づいたら「この統一性は新しい状況や多様なニー

ズに対応できているか？」と問い直してみよう。逆に「多様性に目を向けている」と感じた場合には「その多様性が全体の一貫性を損ねていないか？」と視点を切り替える必要がある。

このように、統一と多様の視点を自在に行き来する力を持てば、全体の方向性を保ちながら、変化する環境にも柔軟に対応できるようになる。

統一性は、組織やプロジェクトが一つの目標に向かって結束する力を与える。一方で、多様性は、複雑な状況の中で新たな可能性を生み出す原動力となる。この2つを両立させる視点を持つことで、組織や個人は変化の激しい環境でも力強く進化し続けることができるだろう。

「異質」と「類似」の視点

視点の種類9

あらゆる物事には「異質な部分」と「類似した部分」が存在する。この2つの視点を使い分けることで、物事の本質をより深く理解することが可能になる。

異質な部分を探ることは、その物事の「独自性」を浮き彫りにし、類似した部分を見極めることは、その物事に共通する「本質的な価値」を見いだす手助けとなる。

たとえば、異質な部分を意識して「この違いはどこにあるのか？」と考えれば、その物事のオリジナリティや競争優位性を見極めることができる。一方で、類似した部分に着目すれば、異なる対象間で共通して求められる普遍的な価値を見つけることが可能だ。

もし「異質な部分」と「類似した部分」という2つの視点を自由自在に切り替える力を身につけることができれば、単なる観察にとどまらず、物事の独自性や普遍的な価値を見極めて、新たなアイデアや応用の可能性を切り拓くことができるはずだ。

視点の種類10

「フロー」と「ストック」の視点

あらゆる事象には「フロー」と「ストック」という2つの視点が存在する。

「フロー」とは、時間の経過とともに流れ去るものを指し「ストック」は、蓄積されるものを指す。フローとストックは互いに独立して存在するものではなく、密接に関連し合っている。

たとえば、ビジネスの現場では、月次の売上（フロー）を追うだけでは十分ではない。その売上が「顧客の信頼」や「ブランド価値」という蓄積（ストック）をどう増加させているかを把握することが重要だ。逆に、蓄積されたブランド価値（ストック）を活かし続けるには、広告やサービスの提供といった日々の流れ（フロー）を怠らないことが求められる。

フローは、短期的な成果や行動の動力源として重要だ。一方で、ストックは長期的な安定や持続可能性を支える土台となる。フローの視点に偏りすぎると短期的な利益だけを追い、未来の基盤を壊してしまう危険性がある。一方、ストックの視点だけにとらわれると、動きが停滞し、フローが生み出す新たな可能性を失いかねない。

もし「今考えているのはフローだ」と気づいたら、「そのフローがどのようなストックを蓄積しているか？」と視点を切り替えよう。逆に「ストックに注目している」と感じた場合には「そのストックを蓄積するためには、どのようなフローが必要なのか？」と考えを巡らせてみる。このように視点を切り替える習慣を持てば、短期的な動きに振り回されることなく、長期的な成果を生み出す本質的なアプローチが可能になる。

フローとストックの視点を自由に切り替える力を身につければ、日々の行動（フロー）を積み重ねながら、長期的なビジョン（ストックの結果）を実現するためのブレない実行力が発揮できるようになる。この2つの視点をバランスよく活用し、流れを生み、蓄積を育てる仕事術を意識してほしい。

「有形」と「無形」の視点

視点の種類11

有形のものは目に見えるが、無形のものは目には見えない。しかし、この2つはそれぞれ確かに存在し、重要な役割を果たしている。

たとえば、土地や建物などの有形資産は「形のある」資産であり、目に見えることから評価しやすい。「評価しやすい」ということで、売り買いも簡単になる。企業のバランスシートにも明確に評価額として記載され、マネジメントしやすい資産といえる。

一方、企業文化やブランド、リーダーシップといった無形資産は「形のない」資産であり、その価値を明確に測ることが難しい。目に見えないため売り買いがしづらく、マネジメントしにくい側面を持つ。

しかし、無形資産を正しく理解し、うまく活用することができれば、極めて強力な競争力になる。有形資産は使えば使うほど価値が減少することが多いが、無形資産は使い込むほど価値が高まり、組織全体の力を引き上げる特性を持っているからだ。たとえば、強い企業文化は、多くの従業員に浸透すればするほど強固なものとなる。ブランドは顧客体験を積み重ねるほど知名度と信頼性を高めていく。

無形資産の管理の難しさは、一見すると欠点のように見える。しかし、目に見えず売り買いしにくい性質こそが、他社には真似できない模倣障壁となる。

現在は「モノ」ではなく「知恵」で戦う時代だ。この変化の中で、目に見える有形資産だけでなく、目に見えない無形資産の価値を正しく見抜き、活用する力がますます重要になっていく。

もしあなたが「目に見えるもの」だけをとらえる習慣にとらわれているなら、この機会に「目に見えないものの価値」を意識的に探る視点を持ってほしい。

「ポジティブ」と「ネガティブ」の視点

視点の種類12

あらゆる物事には「ポジティブ」と「ネガティブ」の両面が存在する。それらは独立して存在するものではなく、視点や解釈によってどちらにでも変化しうるものだ。

ポジティブな視点は、困難をチャンスとしてとらえ直し、行動を前進させる力を持つ。一方で、ネガティブな視点は機会の中にリスクを発見し、改善点を見いだす助けとなる。重要なのは、この2つの視点を自由に切り替え、バランスよく活用することだ。

たとえば「自社は全国小売チェーンへの配荷が弱い」というネガティブな側面を見つけたとしよう。これをポジティブに解釈すれば「全国小売チェーンとのしがらみがないので、直販に参入しやすい」と考えられる。また「事業規模が小さい」というネガティブな要素も「意思決定や実行が迅速で柔軟性がある」というポジティブな側面に置き換えることができる。

もし今、目の前にある状況をネガティブにとらえていると気づいたなら「この状況をポジティブにとらえるとしたら？」と問いかけてみよう。逆に、ポジティブな面に目を奪われている場合には「この状況のネガティブなリスクは何だろうか？」と視点を切り替えてみる。こうした視点の切り替えを習慣にすることで、課題解決への道筋をより柔軟に描けるようになるはずだ。

物事には必ずポジティブとネガティブの両面がある。だからこそ、あなたの視点を柔軟に切り替える力が、強力な問題解決力やチャンスを引き寄せる原動力となる。

視点の種類13

「増やす」と「減らす」の視点

あらゆる物事には「増やすべきこと」と「減らすべきこと」が存在する。これらは独立して存在するものではなく、状況や目的によって判断が変わるものだ。増やすことが必ずしも良い結果をもたらすわけではなく、減らすことで効率や効果が向上する場合も多い。重要なのは、この「増やす」と「減らす」の視点を自在に切り替えられる柔軟性を持つことだ。

たとえば「情報」を例に考えてみよう。情報の精度を高めることが重要な局面では、データを「増やす」方向に視点を向けるべきだ。一方で、情報を受け手にわかりやすく伝えることが目的であれば、情報を「減らし」要点をシンプルに絞るほうが効果的だ。このように「情報」一つとっても、増やすべきか減らすべきかは状況に応じて変わる。

また「人材」を例にとると、単純作業を効率よく進めるためには作業に従事する人数を「増やす」ことが有効だ。しかし、複雑な意思決定や高度な知的労働の場面では、人数を「減らす」ことで議論をスムーズに進め、質の高い結論を導きやすくなる。

人は物事を考える際、つい「増やす」方向に目が向きがちだ。しかし「減らす」視点を取り入れることで、思わぬ解決策が導き出せることも多い。

増やすことはエネルギーを注ぎ、加速させる力となる。一方で、減らすことは複雑さを取り除き、方向性を明確にする力を持つ。これらの視点を状況に応じて使い分ける習慣を身につければ、物事をより効率的かつ効果的に進められるようになるだろう。

「リスク」と「リターン」の視点

視点の種類14

あらゆる意思決定には「リスク」と「リターン」という2つの視点が存在する。「リターン」だけが独立して存在することはなく、どのようなリターンにも必ずそれに伴うリスクが存在する。リスクは常にリターンと表裏一体であり、リターンを求めるからこそリスクを取る意味がある。

もし「いま考えているのはリスクだ」と気づいたら「そのリスクに見合うリターンは何か?」

と視点を切り替えてみよう。逆に「いま考えているのはリターンだ」と認識した場合には「そのリターンを得るために伴うリスクは何か？」と視点を切り替えてみる。このように視点を切り替える習慣を身につければ、リスクを過度に恐れることなく、あるいはリターンを過信することなく、冷静で本質的な判断が可能になる。

たとえば、新規事業への投資を考える場面では、その事業がもたらす利益や成長の可能性（リターン）だけでなく、それを実現するために必要な初期投資額や市場の不確実性（リスク）を十分に検討する。逆に、リスクばかりに着目してしまうと、潜在的なリターンを見逃し、成長のチャンスを逃してしまうだろう。

リターンばかりに目を奪われれば、リスクに対応する準備が不十分となり、成功が危ぶまれる。一方で、リスクばかりを恐れれば、そもそも挑戦そのものをあきらめ、成長の機会を失ってしまう。

もし「リスクの視点」と「リターンの視点」を自由自在に切り替える力を身につけることができれば、慎重さと大胆さをバランスよく保ちながら、リスクを管理しつつ最大のリターンを得る道筋を描けるようになる。この2つの視点を常に意識し、成果を最大化しつつ危険を最小化する意思決定を目指してほしい。

第四章

7つの本質力を身につける1週間トレーニング

ここまで説明してきたように、ビジネスの現場では本質を見抜く力が欠かせない。しかし、本質を見抜く力は「3日で身につく○○」といった単純なビジネスTipsではない。むしろ筋トレに近く、日常的なトレーニングを繰り返すことで、少しずつ養われていくものだ。そういう意味では「コスパが悪いスキル」ともいえる。

しかし真のコスパとは、3日で身につけ、33日で真似されるスキルを身につけることではない。長期にわたって真似されることのない、圧倒的な競争力を身につけることだ。

3日で身につけた競争力は、3日で真似される競争力でしかない。しかし3年間かけて築き上げた競争力は、3年間は真似されない競争力になる。なぜなら、他の人が同じ競争力を築き上げようとしても、それは3年先になるからだ。

本章では、月曜日から日曜日まで1週間を使ったトレーニングプログラムを紹介する。曜日ごとに異なるテーマを設定し、これを毎週繰り返すことで、本質を見抜く力を身につけていく。

このプログラムの特徴は、毎日新しい課題に取り組む点にある。テーマが日ごとに変わるため、飽きることなく続けられるはずだ。また、朝の通勤時と夜の帰宅時に異なる題材を扱うことで、視点を切り替える力も養うことができる。

朝の通勤時には、ニュースアプリの記事を利用する。記事の裏側に隠された背景を掘り下げることで、本質を見抜く力を磨くことができる。さらに、ニュースアプリは特別な準備を必要とせず、スマートフォン一つでどこでも利用できるため、忙しい朝の隙間時間に最適だ。

夜の帰宅時には、当日の職場の出来事を題材にする。職場の出来事という身近で実践的な題材を扱うため、成長の成果が短期間で感じられるのがメリットだ。この実感がモチベーションを高め、トレーニングの継続を後押ししてくれるはずだ。

朝はニュース記事で視点を広げ、夜は職場の出来事で実践的な力を身につける。このように異なる題材を組み合わせることで、バランスが取れたトレーニングが可能になるはずだ。

月

Mon.

本質的な「意味」を見抜くトレーニング

「世の中に起きているさまざまな出来事が何を意味しているのか、自分は理解できているのだろうか？」

日々の仕事の中で、そんな疑問を抱いたことは少なくないはずだ。これまで触れてきたように、本質的な「意味」を見抜く力とは、表面的な事実の裏側に隠れた意図や意義を正確に読み取る力だ。この力を身につけることで、単なる情報の受け手ではなく、そこから意味を読み取り、主体的に活かす自分へと変わることができる。

ここからは、月曜日に行う「本質的な意味を見抜くトレーニング」について、その方法を説明していこう。月曜日という週の始まりの日に取り組むことで、1週間の仕事に新たな視点をもたらす効果も期待できるはずだ。

ニュースの深掘り　通勤時30分

月曜日の朝の通勤時には、手元のスマートフォンのニュースアプリを使って、ニュース記事を題材にトレーニングをしていこう。まずは「本質的な意味を見抜くトレーニング」にふさわしい題材選びからだ。

複雑な利害関係を含む社会問題や政治経済の記事

「気候変動対策の国際的な議論」や「消費税率引き上げの是非」といった記事は、一見すると単なる政策の説明のように思える。しかしその背後には、政府、企業、市民といった複数のステークホルダーがそれぞれ異なる立場や価値観を抱え、利害が複雑に絡み合っているケースが多い。これらを深く掘り下げ、それぞれの背景や意図を読み解くことが、本質的な意味を見抜くトレーニングとなる。

ビジネスやテクノロジーに関する記事

「業界を揺るがす大型M&A」や「AI技術を活用した新製品の発表」といったニュースは、

一見すると単なる事実の報道に思えるかもしれない。しかし、これらのニュースの背後には、市場環境の変化や企業が抱える戦略的な意図が隠されている。
表面的に書かれた記事の内容を掘り下げ、その背景を読み解くことで、本質的な意味を見抜くトレーニングになる。

トレーニングの流れ

適切なニュース記事を選んだら、続いてはトレーニングの流れについて説明していこう。大きく分けて、次の3ステップだ。

STEP 1　ニュースの概要を把握する

まずは、選んだニュースを読み込み、その内容を把握しよう。重要なのは、単に内容を斜め読みして終わるのではなく、ニュースの主要な要素を整理する感覚で読み込んでいくことだ。次のポイントを意識しよう。

テーマ：そのニュースが扱う主要なテーマは何だろうか。たとえば「気候変動対策に関する新たな国際会議」や「国内企業による大型買収」などだ。

概要：誰が、何を、いつ、どこで、何のために、どのように行ったのか。この整理をすることで、後の思考がブレることを防げる。

影響範囲：そのニュースが個人、組織、社会、業界など、どのような対象に影響を及ぼしそうか。これにより、ニュースの重要性を客観的に評価できるようになる。

STEP 2 背景を考え、解釈する

ニュースの概要を把握した後は、その背景に思いを馳せてみよう。表面的な情報だけでは見えてこないニュースの「本質的な意味」を読み解き、解釈するためには、次のような疑問を持ち、背景と照らし合わせることが重要だ。

なぜ今、このニュースが話題になっているのか？

ニュースには、必ず「今、報道すべき」社会的な背景が存在する。たとえば気候変動対策がニュースになっている場合、その背景には政策変更や新たな科学的発見などがあるかもしれない。こうした背景を考えることで、ニュースの意味を読み取りやすくなる。

どのような価値観や利害関係が関わっているのか？

主要なステークホルダー（政府、企業、消費者など）の視点に立ち、それぞれがどのような目的や狙いを持っているのかを考えてみよう。たとえば、政府は経済的な安定を求め、企業は収益性を追求し、消費者は生活の利便性を重視しているかもしれない。これらの立場を整理することで、それぞれの立場と、その背景が見えてくる。

誰にどのような影響を与えるのか？

その内容で影響を受けるのは誰だろうか？　たとえば、新たな環境規制のニュースであれば、産業界へはコスト負担、消費者へは価格転嫁、社会全体へは環境意識の高まりといった影響が考えられそうだ。

このように、ニュースで報道された事実に対して、あなたなりに考えた「背景」を照らし合わせて考えることで、それぞれの立場における「そのニュースの意味」が見えてくるはずだ。

STEP 3　妥当性を確認する

最後に、自分が導き出した「意味」が妥当かどうかを確認しよう。

その際は、関連記事を探し出し、読んでみることが効果的だ。同じテーマのニュースでも、記者や報道機関によって、視点や掘り下げ方は大きく変わる。それらと照らし合わせることで、自分なりに読み取った「意味」の妥当性を確認できるはずだ。

最近のニュースアプリでは、「News Picks」のピックコメント、朝日新聞デジタルの「コメントプラス」、日経電子版の「Think!」など、ニュース記事に有識者のコメントが添えられているケースも多いので、ぜひそちらも参考にしよう。

1日の振り返り　30分

月曜日の仕事を終えたあなたは、帰宅途中の電車でぼんやりとSNSを見て過ごしていないだろうか。

この時間は、日中に起きた職場の出来事を振り返り、本質的な意味を見抜くトレーニングに充てる絶好の機会だ。

職場で起きた出来事を題材に、その背後にある意味を掘り下げることで本質をとらえる力を養っていこう。

会議で話し合われた内容

会議で話し合われた内容は、本質的な意味を見抜くうえでこの上ない題材だ。なぜなら「新規プロジェクトの方針」や「戦略の見直し」といった議題には、組織全体が向かおうとしている方向性や、その判断に至った意図が含まれているからだ。

また、会議の中で出た意見が、組織の長期的なビジョンや戦略とどのように結びついているのかを考えることで、議題の本質的な意味を見抜くトレーニングになる。

上司や同僚の何気ない発言や指示

上司の指示には、高い確率で隠れた意図が存在している。ぜひ、この発言がどうしてなされたのかを掘り下げてみよう。

その指示がどのような意図を持っているのかを考えることで、単なる作業指示を超えて、本質的な意味を理解できるようになるはずだ。

トレーニングの流れ

STEP 1 その日の出来事を整理する

まずはその日に職場で起きた出来事を、スマートフォンのメモアプリや手帳に書き出してみよう。ポイントは、可能な限り事実に基づいて客観的に書き出してみることだ。

事実に対する認識にヌケモレがあれば、その解釈は偏ってしまう。解釈が偏ってしまえば、本質的な意味を見いだすことはできない。まずは何が起きたのかを正確にとらえよう。たとえば、次の通りだ。

何が起きたのか：職場で起きた出来事を簡潔にまとめてみる。たとえば「月曜の定例会議で新規プロジェクトの提案が検討された」などだ。

誰が関わったのか：関与した人を明確にする。上司、同僚、チーム全体など、それぞれの立場もメモしておくと、後から「立場ごとの本質的な意味の違い」を考えやすくなる。

どのような場面で起きたのか：会議、日常の雑談、プレゼンテーションなど、出来事が起きた場面も含めてメモをする。

たとえば「10時の会議で、上司が『次回プレゼンでは説得力をもっと高めてほしい』と指摘した」などのように、短い一文でまとめて書き出すだけでも、後で思い出しやすくなり、トレーニングがスムーズになる。

STEP 2 背景と照らし合わせて解釈する

このステップでは、発言や行動の奥に潜む背景を考え、あなたなりの解釈をしてみよう。

たとえば「次回プレゼンでは、もっと説得力を高めてほしい」という上司の指示があった場合、その背景はなんだろうか？ 次のような可能性が考えられるはずだ。

背景：今回のプレゼンは、上司が考える品質基準に到達していなかったので↓プレゼンの説得力を高めてほしい。

背景：経営陣から指摘を受けたので↓プレゼンの説得力を高めてほしい。

背景：チームメンバーのプレゼンスキルを育成したいので、↓プレゼンの説得力を高めてほしい。

このように、同じ「プレゼンの説得力を高めてほしい」というメッセージも、照らし合わせる背景次第で意味合いは変わる。重要なのは、1つのメッセージに対して、さまざまな視点で「背景」を考えられるようになることだ。ぜひ思考をとどめず、視点力を駆使して、背景に思いを巡らそう。

STEP 3　解釈の答え合わせをする

さまざまな可能性を考えたら、ぜひ次の日に上司に直接尋ねてみよう。自分の解釈の妥当性を確認できるはずだ。あるいは、同僚がどう感じたかを聞いてみるのも効果的だ。他者の視点を聞くことで、自分では気づかなかった視点や背景が見えてくるはずだ。

一見すると何気ない職場での出来事も、その背後にある本質を掘り下げることで、自己成長を加速させる学びの場になる。

月曜日の帰宅時にこのようなトレーニングを続けることで、職場での出来事を単なる作業で終わらせるのではなく「本質的な意味」を見抜く教科書に変えることができるはずだ。

火

Tue.

本質的な「原因」を見抜くトレーニング

火曜日は「本質的な原因」に迫る一日だ。この力を鍛えることで、場当たり的な対症療法から抜け出し、より根本的な問題解決策を導き出せるようになる。

ニュースの深掘り

通勤時30分

問題の背景が複雑で、複数の原因が絡んでいそうな記事

複雑な問題を扱うニュース記事は、ついスルーしがちだ。しかし、複雑な問題こそ本質的な原因が隠されている。たとえば、企業の経営不振のニュースでは「経営戦略の失敗」「市場環境の変化」「内部の組織問題」など、さまざまな原因が隠れている。

本質的な原因を見抜く力を養うには、こうした複雑な問題を読み解くことが最良のトレーニングになる。

社会トレンドやビジネストレンドを取り上げた記事

社会トレンドやビジネストレンドを取り上げたニュース記事も、本質的な原因を見抜くトレーニングにふさわしい。なぜなら「DX（デジタルトランスフォーメーション）」「カーボンニュートラル」「リモートワークの普及」など、トレンドに関連したニュースは、その背景に人々の意識や価値観の変化が隠されているからだ。

トレーニングの流れ

ここからは、トレーニングの流れについて説明していこう。説明をわかりやすくするために架空の記事を用意したので、まずは読んでいただきたい。

大手電機メーカー、4000人の希望退職を募集へ

昨年度、国内有数の電機メーカーA社が、グループ全体で4000人の希望退職を募集する方針を発表した。背景には、主力製品である家電部門の売上低迷がある。同部門の売上は、直近5年で約30％減少し、2024年度には赤字に転落した。原因として、低価格競争の激化、中国や韓国メーカーの台頭が挙げられる。また、同社の事業戦略がITやAIなど成長分野への転換に遅れた点も指摘されている。

さらに、世界的な景気減速の影響で新興国市場での需要が減少。同社の取締役は「早急に収益構造を改革しなければ、さらなる事業縮小が避けられない」と語った。A社は今後、成長が見込まれる再生可能エネルギー事業への投資を増やす方針を示している。

STEP 1　事実を正確に把握する

本質的な原因を見抜くトレーニングの第一歩は、ニュース記事に書かれた事実を正確に把握することだ。ここでの重要なポイントは、記事の内容を流し読みするだけでなく、客観的に「何が起きているのか」を整理することだ。

ニュース記事を読み進める際には、次の3つを意識して要点を抜き出そう。

出来事：この記事が取り上げている中心的な出来事は何か？

背景：その出来事が起きた背景には何があるのか？

影響：この出来事がどのような影響を及ぼしているか？

先ほどの記事の場合、次のように事実を整理できるはずだ。

出来事：企業Ａがグループ全体で４０００人の希望退職を募集した。
背景：家電部門の売上が5年で約30％減少し、赤字に転落した。
影響：収益構造の改革を進めるための方針転換を発表。

この段階では、まだ「なぜ？」を考える必要はなく、できるだけ客観的に事実を理解することに意識を集中しよう。

STEP 2　繰り返し「なぜ」を考える

次に、書き出した事実に対して「なぜ？」を考え、原因を深掘りしていこう。必ずしもニュース記事にすべての答えが書かれているわけではないが、あなたなりに仮説を立てることが重要だ。必要であれば検索等を駆使して、考えられる仮説を書き出していこう。これを繰り返すことで、少しずつ本質的な原因を見抜く思考回路がつくられていくはずだ。

●なぜ希望退職を募集したのか？↓家電部門が赤字に転落したから？
●なぜ家電部門が赤字に転落したのか？↓家電部門の売上が過去5年で約30％減少したから？
●なぜ売上が減少したのか？↓低価格競争の激化と、中国・韓国メーカーの台頭が原因だから？
●なぜ低価格競争に対応できなかったのか？↓戦略転換が遅れたから？
●なぜ戦略転換が遅れたのか？↓経営陣が既存事業へ固執し続けたから？
●なぜ経営陣は既存事業に固執したのか↓経営陣の数が多く、最終決定に時間がかかったから？

このように、ニュース記事に書かれた事実を起点にあなたなりの仮説を加えながら「なぜ？」を繰り返していくことで、本質的な原因を見抜く思考回路をつくっていくことができる。

STEP 3 他に原因はないか？ を考える

「なぜ？」を繰り返した後は「その他に原因はないか？」を考えよう。第三章で視点力の重要性に触れたように、視点を変えることで、これまで想定していなかった他の可能性に目を向けることができる。

この記事の例では、より広く他の可能性を探るため、PEST（政治・経済・社会・技術）や3C（顧客、競合、自社）のフレームワークを取り入れてみよう。これにより、外部環境と内部要因の双方に目を向けることができるようになる。

PEST

Politics（政治的要因）

- 政府規制や補助金の影響はないか？
- 関税や貿易摩擦の影響はないか？

Economy（経済的要因）

- 景気減速の影響はないか？
- 為替変動の影響はないか？

Society（社会的要因）

- 消費者のライフスタイルや価値観の変化はないか？

Technology（技術的要因）

- 技術革新の影響はないか？

●製品の技術的優位性が失われていないか？

3C

Customer（顧客）

●消費者ニーズを的確に把握できているか？

Competitor（競合）

●競合他社が台頭していないか？

●新規参入者が台頭していないか？

Company（自社）

●企業A内部のリソースやプロセスに問題はないか？

これらを念頭に、記事に書かれた事実や、あなたなりの仮説に当てはめていくと、たとえば次のように整理できる。

政治的要因：政府のエコ規制強化により、既存製品の開発コストが増大した可能性？

経済的要因：景気減速と新興国市場での需要低下が、売上に直撃した可能性？

社会的要因：消費者がエコ製品やスマート家電を好むようになり、古いラインナップが支持を失った可能性？

技術的要因：ＩｏＴ技術やＡＩ搭載製品への投資が遅れたため、競合に遅れを取った可能性？

顧客：ニーズに応えられる製品がなく、顧客が競合他社に流れた可能性？

競合：競合メーカーが低価格高性能製品を展開し、シェアを拡大した可能性？

自社：経営の意思決定が遅れたことにより、市場への適応が後手に回った可能性？

このように「その他に原因はないか？」と自分に問いかけることで視野が広がり、別の可能性にも目が向くようになる。その際には自分が知っているフレームワークに当てはめてみるのが効果的だ。

STEP 4　原因と結果の因果関係を整理する

ここで改めて原因と結果の因果関係を整理してみよう。できれば図解するのが効果的だ。これにより、原因と結果の連鎖が視覚的に明らかになる。今回のケースの場合、次のように整理できそうだ。

経営陣の数が多すぎる→経営判断の遅れ→戦略転換の遅れ→競争優位性の喪失→家電部門の売上低迷→家電部門の赤字転落→希望退職の募集

STEP 5　本質的な原因を特定する

最後は、いよいよ「最も本質的な原因は何か」を見抜くステップだ。「本質的な原因」を見抜くには、次の3つの観点から考えてみよう。

問題の出発点

時間の流れの中で「最初に問題を引き起こした原因」を探してみよう。この原因がなければ、その後の問題が発生しなかったであろうと考えられる原因に着目する。

影響の大きさ

どの問題が何に波及し、どれほど多くの関係者に影響を与えたかを考えてみよう。波及の起点となり、波及範囲が広い原因は本質的な原因である可能性が高い。

解決できるかどうか

本質的な原因を見抜く際には、その原因が解決できるかどうかを考えることも重要だ。どんなに問題の本質に迫っても、それが解決できないものであれば意味がない。

先ほどのニュース記事の場合、事実と仮説の両方で本質的な原因を探っていくと、問題の出発点は「経営陣の数が多く、最終決定に時間がかかったこと」である可能性が高い。「経営陣の数の多さ」が起点になって連鎖的に問題を引き起こし、最終的に希望退職の募集に波及していったと考えられる。これらを踏まえると、今回の希望退職募集を引き起こした本質的な原因は、次のように整理できる。

経営陣の数が多く、最終決定に時間がかかったことで、経営判断が遅れたこと

ニュース記事の中では「A社は今後、成長が見込まれる再生可能エネルギー事業への投資を増やす方針を示している」と書かれているが、それと並行して「経営陣の人数の削減」にも取り組む必要がありそうだ。

もちろん「世界的な景気減速」や「新興国市場での需要減少」など、外的な要因も影響を与えている可能性はある。しかし、これらはA社が単独で解決できる問題ではない。一方、「意思決定の遅れ」に関しては、経営陣の数を減らすことで解決できる問題であり、A社が取り組むべき最優先課題といえる。

このように、日常的なニュースを単なる情報としてとらえるのではなく、本質的な原因を見抜く教科書としてとらえることで、実践的なビジネススキルを無理なく養うことができるはずだ。

1日の振り返り

帰宅時30分

週の始まりである2日間を乗り切った火曜日の夜は、少し気が緩み、つい心をオフモードにしてしまいがちだ。しかし火曜日というまだ週の前半にいるこの段階で振り返りを行うことで、気づいた改善点を翌日以降の行動に反映させることができる。

ぜひ気を緩めずに、日中に起きた出来事を振り返り「本質的な原因を見抜く力」を養っていこう。

解決策が出ないまま終わった会議や議論

今日の会議で、時間切れで終わってしまったり、結論が出ないまま次回持ち越しになってしまった会議はなかっただろうか？　そのような会議は、本質的な原因を探る題材として最適だ。
たとえば「新製品のプロモーション戦略を考えるための会議が堂々巡りで終わった」というような例は、議論が進まなかった原因や会議デザインにおける改善点を見つけるための題材として役に立つ。

想定外の問題やトラブルが発生した場面

想定外の問題が発生すると、ストレスを感じたり、心が折れかけたりするだろう。しかし、その原因を深掘りすることは「本質的な原因を見抜く力」を高めてくれる。これを機会に、ぜひポジティブにとらえ直そう。たとえば「納期直前に仕様変更の指示が入り、全体の進捗が遅れた」というトラブルは、仕様変更がなぜ発生したのか、プロジェクトの準備段階でどのような問題が潜んでいたのかを探る絶好の機会となる。

トレーニングの流れ

STEP1　起きた出来事を整理する

まず初めに、その日職場で起きた出来事を振り返り、メモアプリに書き出していこう。

たとえば「新製品のプロモーション戦略を議論する会議が結論に至らず、次回に持ち越された」というように、要点をシンプルに書き出そう。こうすることで、本質的な原因を考える際の起点が明確になり、次以降のステップを効果的に進められるようになる。

STEP 2 繰り返し「なぜ」を考える

次に、書き出した出来事について「なぜ？」を繰り返し問いかけて、問題の裏側に隠れた原因を掘り下げていこう。このステップの鍵は、最初に浮かんだ表面的な原因で思考停止にならず、さらにその奥にある原因を探り続ける姿勢を保つことだ。

たとえば「なぜ会議が結論に至らなかったのか？」という問いを立てたとしよう。この問いに対して「議論の方向性が定まらなかったから」という仮説を立てた場合、そこでわかった気になってはいけない。さらに「なぜ議論の方向性が定まらなかったのか？」と掘り下げてみる。すると、そのときの会議の様子から「参加者が事前に十分な情報を共有されていなかった」という可能性が見えてくるかもしれない。

事前に情報を共有されていなければ、会議の参加者の発言は、その場の思いつきになりやすい。その結果、議論の方向性が定まらなかった可能性がありうる。

ここでさらに「なぜ事前に十分な情報が共有されていなかったのか？」と問い続けよう。

すると「事前に必要な資料が配布されていなかったから」という仮説にたどり着く。この仮説が正しければ、会議がスムーズに進まなかった背景には「会議に必要な資料不足」という原因が存在していたことになる。

さらに「なぜ事前に資料が配布されなかったのか?」を掘り下げると「資料作成がギリギリになり、配布が当日になってしまったから」という可能性にたどり着くかもしれない。

STEP 3 他に原因はないかを考える

一通り「なぜ?」を繰り返したら、そこで考えをやめるのではなく、今度は視点を変えて別の可能性に目を向けてみよう。

たとえば、会議の主催者側だけでなく、他の参加者がどのように関係していたのか、また会議の準備だけでなく、会議中の進行がどうだったのかに目を向けてみることで、新たな発見が得られるかもしれない。

そうすれば、参加者が適切な役割を果たしていなかったり、議論を活性化するための工夫が欠けていた可能性も見えてくるはずだ。

STEP 4　因果関係を整理し、本質的な原因を特定する

最後に、これまでの内容を基に因果関係を整理し、本質的な原因を特定していこう。次のように、因果関係を図解してみるのも有効だ。

会議が結論に至らなかった
←なぜ?
議論の方向性が定まらなかった
←なぜ?
参加者が十分な情報を共有されていなかった
←なぜ?
事前に必要な資料が配布されていなかった
←なぜ?
資料作成がギリギリになり、事前に配布する時間が取れなかった

このように見ていくと、根本的な原因は「会議が結論に至らなかった」という会議当日の問題ではなく「会議に向けた準備が甘かった」という事前準備の不足が本質的な原因だと特

定できる。ここから得られるのは「物事は準備段階でほとんどが決まってしまい、当日の対応だけで挽回するには限界がある」という教訓だ。

このように、本質的な原因を見極め、そこから教訓を引き出すことができれば、日々の職場での出来事を単なる出来事に終わらせず、明日の行動へとつなげていく「学びの場」に変えることができるはずだ。

水
Wed.

本質的な「目的」を見抜くトレーニング

水曜日は週の中盤、エネルギーが少し減り始めるタイミングだ。あなたも仕事に追われる中で、目の前の業務に集中しすぎて「そもそも、この仕事は何のためにしているんだっけ？」と「目的」を見失ってはいないだろうか？

もしそうだとしたら、この水曜日のトレーニングを通して、本質的な「目的」を見抜くトレーニングを行おう。目的を見失うと、どんなに頑張っても成果が的外れなものになってしまう。水曜日は「真の目的」に立ち返る絶好のチャンスだ。

ニュースの深掘り　通勤時30分

背後に「真の狙い」が存在しそうなニュース記事

表面的に書かれた「事実」だけでなく、その裏側に「真の意図」がありそうなニュース記事は、本質的な目的を見抜くトレーニングに最適だ。このようなニュースを選ぶと「建前の目的」と「真の目的」を分けて考えるトレーニングをしやすい。

話題性があり、多くの人の関心を引いているニュース記事

世間で注目されているニュースは、必ず発端があり、そこには何らかの目的が存在している。また多くの人が知っているため、人と共有しやすく「真の目的は何か？」について議論を深めやすい。加えて、社会全体の潮流やトレンドを知る手がかりにもなる。

トレーニングの流れ

ここからは、次の架空の記事を題材にしながら、トレーニングの手順をわかりやすく解説していこう。

大手IT企業A社、「AI教育プログラム」を無償提供　教育現場を支援

大手IT企業であるA社が、全国の小中学校を対象にした「AI教育プログラム」の無償提供を開始することを発表した。このプログラムには、AIを活用した授業支援アプリや教師向けのオンライン研修が含まれており、教育現場のデジタル化を推進する狙いがある。

同社は「次世代の人材育成を通じて、社会全体のＩＴスキル向上に寄与する」としている。

プログラムの一部では、ＡＩを活用した個別学習支援が可能で、生徒一人ひとりに合わせたカリキュラム提供が実現するとされている。また、教師の負担軽減を目的に、成績管理や出席確認などの業務を自動化する機能も備えているという。

今回の取り組みは、政府の「ＧＩＧＡスクール構想」による教育現場のＩＣＴ化の進展を受けたもの。同社の広報担当者は「教育現場でのＩＴ活用を支援することで、持続可能な社会の実現に貢献したい」とコメントしている。

STEP 1　繰り返し「何のために？」を考える

真の目的を見抜く最初のステップは、記事の中で書かれた取り組みの裏側にある意図を探っていくことだ。記事を読み終えたら、しつこいくらい「何のために？」を繰り返し考えよう。この問いかけを通じて、表面的な理由にとどまらず、取り組みの背後にある真の目的に目を向けることができる。

たとえば、先ほどの大手ＩＴ企業Ａ社が「ＡＩ教育プログラムを無償提供する」というニュースを読むと、最初に浮かぶ「何のために？」は「教育を支援するため」「社会貢献」だろう。しかし、これらはあくまで公に発表された目的に過ぎず、実際にはその背後に本来の目的が潜んでいる場合がある。

そこで、頭をフル回転させながら「本来の目的は何か？」と問い直してみよう。すると、次のような仮説が思い浮かぶはずだ。

●政府主導の「ＧＩＧＡスクール構想」に対応することで、他のＩＴ企業に先駆けて教育市場での存在感を確立するため。
●生徒や成績のデータを収集して、そのデータを別のビジネスに活かすため。

このステップの重要なポイントは、一つの答えで満足するのではなく、あらゆる可能性に目を向け、複数の仮説を立ててみることだ。

STEP 2　背景と照らし合わせて妥当性を見抜く

複数の仮説を立てたら、その妥当性を考えてみよう。このステップでは、ニュースに書かれた内容と背景を照らし合わせて、仮説が現実に即しているかを見極めることが重要だ。

関連するトレンドや業界動向と照らし合わせる

妥当性を確認するには、仮説が現実のトレンドや業界動向と一致しているかを確認しよう。たとえば、A社が提供するプログラムは政府の「GIGAスクール構想」を受けて展開されている。この構想は教育現場のICT化を推進する政策であり、AI技術を導入するには絶好のタイミングである。

この背景と照らし合わせると、A社が「無償提供」を選んだのは、ICT化の流れに乗り、教育市場での存在感を早期に確立したいという意図と一致している。仮説がこうした業界動向に整合する場合、その妥当性は高いといえる。

長期的な成果と照らし合わせる

次に、仮説がA社の長期的な目標や戦略と一致しているかを検証する。たとえば、「無償提供」は短期的には収益を生まないが、教育現場でのデータ収集を通じて、将来的な利益をもたらす可能性がある。この視点から仮説を再確認する。

具体的には、A社がプログラムを無償提供することで得られる生徒や成績のデータは、生徒の成長段階に合わせて、受験、就活、キャリア形成といったライフステージごとのサービス展開に活用できる。この取り組みが長期的な収益化の基盤となるのであれば、「無償提供」という行動は戦略的に妥当だと判断できる。

STEP 3 それが真の目的かどうかを確かめる

このステップでは、真の目的を確かめよう。「真の目的」が成立するためには、さまざまな背景と照らし合わせた際に一貫性、整合性があり、矛盾なく説明できるか？　が問われる。

たとえば「ＡＩ教育プログラムを無償提供する」という行動と「教育市場での存在感を高めたい」という目的は、整合性があるだろうか？　たとえ教育市場で存在感を高めたとしても、無償提供であれば、収益化にはつながらない。だとすれば「無償提供する」と「教育市場で存在感を高める」の間にビジネス上の整合性はなく、真の目的とはいえない。別の目的があるはずだ。

一方で「ＡＩ教育プログラムを無償提供する」ことで「小中学生のＩＤデータや成績データを入手」し、そのデータを基に「将来の受験関連ビジネスや就活関連ビジネス、転職関連ビジネスに活かして収益化を図る」ことは、ビジネス上の整合性が取れている。いわゆるフリーミアムモデルだ。

だとすれば「無償提供」は多くの小中学校で導入されやすくする有効な手段であり、データ収集のスピードと規模も最大化できる。こちらのほうが、さまざまな背景との間で整合性が取れており「真の目的」としての妥当性は高いはずだ。

このように、仮説がさまざまな背景と整合性が取れている場合、それは真の目的としての説得力が高まる。整合性は、仮説の信頼性を高め、説得力のある結論を導く裏付けとなるのだ。

1日の振り返り

帰宅時30分

水曜日の帰宅時、週末が見え始め、やり残した仕事が頭をよぎるタイミングだ。この時間をただぼんやり過ごすのではなく、職場での出来事を題材に「真の目的を見抜くトレーニング」に使ってみよう。

こうした習慣は、日々の実務に役立つ力を養うだけでなく、明日以降の仕事をより有意義なものにするための「小さな投資」でもあるのだ。

「本当の目的」が共有されていない状況

チーム内、あるいは部門間で「何のためにこれをやるのか？」という共通認識が曖昧な状況は、本質的な目的を見抜く良いトレーニングになる。たとえば、目先のＫＰＩ達成が優先されるあまり、その先の本来の目的が見失われているようなケースだ。

「作業」を指示された状況

「やること」は決まっているものの「何のために？」が曖昧になっていたケースも、題材にうってつけだ。たとえば顧客や上司から「これをやってほしい」と作業を頼まれたが、その目的が不明確なケースだ。このようなケースは、目的と手段の混同が起きやすい。

トレーニングの流れ

STEP 1　その日の出来事を振り返る

まずは、その日の出来事で特に印象に残った出来事を書き出そう。たとえば「自社が発売する新製品の説明会が開催された」といったように、簡潔な一文で構わない。

次に、その出来事に関わった登場人物を思い出し、リストアップしてみると良い。誰がその場にいて、どのような役割を果たしたのかをリストアップしていくと、全体像が見えやすくなる。たとえば、「営業部、サポート部、企画部のメンバーが参加した」といった具合だ。

さらに、その出来事に対して感じた違和感を書き出しておきたい。たとえば「新製品説明会では、説明会開催数のKPI達成に触れられていたが、現場はしらけていた」「営業担当者の反応がいまいちだった」といったように、感覚的な印象でも構わない。これが、次のステップで掘り下げるべきポイントとなる。

振り返りのメモは短い箇条書きでも十分だ。このステップを習慣化することで、つい日常の中に埋もれがちな「小さな違和感」を確実に拾い上げることができるようになる。

STEP 2 「何のために？」を繰り返す

その日の出来事を振り返ったあとは、その背後にある本質的な目的を掘り下げるために、「何のために？」を繰り返し問いかけよう。

たとえば「新製品説明会が開催された」という出来事であれば「新製品説明会は何のために行われたのか？」と自問を繰り返していく。たとえば次のような要領だ。

●「新製品説明会は何のために行われたのか？」→新発売する製品の内容を社員に共有するため。

●「社員に共有するのは何のためか？」→営業担当者が新製品を自信を持って提案できるようにするため。

●「営業担当者が自信を持てるようにするのは何のためか？」→顧客に対する新製品の提案・導入を促進するため。
●「顧客に新製品の提案・導入を促進する目的は何か？」→新製品の売上を上げ、競合他社との差別化を図るため。
●「売上を上げ、競合他社との差別化を図る目的は何か？」→会社全体の持続的な成長と競争優位性の確立を実現するため。

このように問いを繰り返すことで「そもそも何のためか？」という本質的な目的にたどり着ける。このステップを通じて、単なる新製品説明会の開催数といった表面的な指標ではなく、組織全体として達成すべきゴールが明確になる。

STEP 3 それが真の目的かどうかを確かめる

ステップ3では、それが真の目的かどうかを確かめよう。

たとえば「会社全体の持続的な成長と競争優位性の確立を実現するため」という目的は、確かに「真の目的」のように思える。しかし、新製品説明会の参加メンバー、特に営業担当者やサポート部の視点から見れば、この目的はあまりにも抽象的で遠いものであり、彼ら彼女らの具体的な行動に結びつきにくい。

ここで「視点力」が重要になる。視点を変え、複数の視点から「何のために？」を考え直してみるのだ。

顧客視点からの問い

例：「顧客に新製品を提案するのは何のためか？」↓「顧客の課題を解決し、顧客満足度を高めるため」

現場視点からの問い

例：「営業担当者がこの説明会に参加する目的は何か？」↓「提案方法を学び、顧客との商談をスムーズに進めるため」

経営視点からの問い

例：「新製品を市場に浸透させる狙いは何か？」↓「競合他社との差別化を図り、長期的な成長を実現するため」

ここで、先ほど行った「何のために？」の連鎖を思い出してほしい。目的の連鎖がどのようにつながっているのかを再度確認してみよう。

●「新製品説明会は何のために行われたのか？」↓新製品の内容を社員に共有するため。

●「社員に共有するのは何のためか？」↓営業担当者が新製品を自信を持って提案できるようにするため。

●「営業担当者が自信を持てるようにするのは何のためか？」↓顧客に対する新製品の提案・導入を促進するため。

●「顧客に新製品の提案・導入を促進する目的は何か？」↓新製品の売上を上げ、競合他社との差別化を図るため。

●「売上を上げ、競合他社との差別化を図る目的は何か？」↓会社全体の持続的な成長と競争優位性の確立を実現するため。

このケースの場合、新製品説明会の目的として最も妥当なのは、「顧客に新製品を提案し、導入を促進するため」だろう。この目的を共有することで、説明する側はもちろん、説明を聞く現場メンバーも自分たちの役割を明確に認識し、行動に移しやすくなる。

しかし、今回のケースでは、ＫＰＩが「新製品説明会の開催数」に設定されており、目的と手段の混同が起きている。本来の目的に照らせば、設定すべきＫＰＩは「営業担当者が顧客に新製品を提案した商談数」や「提案が実際に成約につながった成約数」など、行動や成果を直接的に測れるものになるだろう。

木

Thu.

本質的な「特性」を見抜くトレーニング

木曜日は、週の後半に差し掛かり、集中力が途切れがちなタイミングだ。しかしここで踏ん張り、本質的な「特性」を見抜く力を磨くことで、金曜日のパフォーマンスを引き上げたいところだ。今日は引き続きニュース記事や職場での出来事を題材に、物事の本質的な特性を見抜く力を鍛えるトレーニングをしていこう。

ニュースの深掘り

通勤時30分

企業のビジネスモデル関連のニュース記事

ビジネスモデル関連のニュース記事は、ビジネスのさまざまな特性を考えるうえでうってつけの題材だ。たとえば「無料から有料への移行」「サブスクリプションモデルの導入」など、ビジネスモデルに変革をもたらす要素を掘り下げることで、そのビジネスの特性や重要成功要因を明らかにできる。

企業の組織関連のニュース

企業内の組織改革や人事施策に関するニュースは、組織全体の力学や特性を深く考える良いきっかけになる。たとえば「大手企業がフラットな組織構造を採用」や「テレワークの恒久化を発表」といったニュースは、どのような組織力学が働き、組織文化や従業員にどう影響を与えるかを掘り下げることができる。

トレーニングの流れ

ここからは、次の架空の記事を題材にしながら、本質的な特性を見抜くトレーニングの手順をわかりやすく解説していこう。

> **音楽配信大手、広告付き無料プランを開始**
> **新規顧客の獲得と市場シェア拡大を狙う**
> 音楽配信サービス大手のA社は、新たに「広告付き無料プラン」を導入するこ

とを発表した。このプランでは、ユーザーは月額料金を支払うことなく楽曲をストリーミング再生できる一方、楽曲の合間やアプリの操作中に広告が表示される仕組みとなっている。

音楽配信業界では、競合するB社やC社も独自のプランを展開し、熾烈《しれつ》な市場競争が繰り広げられている。特に、サブスクリプションサービスの利用者層が飽和しつつある中で、新たな顧客層をいかに取り込むかが各社共通の課題となっている。A社の広告付き無料プランは、こうした業界動向を踏まえた戦略的な一手とみられる。

今回の動きに対するユーザーの反応はさまざまだ。SNS上では、「無料で音楽を聴けるのは嬉しい」という好意的な意見がある一方、「広告が頻繁に流れるのは煩わしい」との声も上がっている。今後、A社がどのようにしてこの新プランを浸透させ、競争の激しい市場で優位性を確立するかが注目される。

STEP1　表面的な特徴やパターンをとらえる

最初のステップとして、記事に書かれた内容の表面的な特徴やパターンをとらえよう。

A社の無料プランは、月額料金が無料になるのと引き換えに、楽曲の合間やアプリ操作中に広告が表示される仕組みだ。広告付き無料プランを導入することで、従来の月額課金モデルだけでなく、広告収益を新たな柱としようとしている。この取り組みは、これまでの有料プランが提供する安定的な収益に加え、広告収益と組み合わせることで、全体の収益を上げることができる。

さらに、無料プランが従来の月額課金利用者層だけでなく、新たな顧客層を取り込む手段として機能し、結果的に有料プランへの誘導が期待できるという構造になっている。

このように、まずは表面的な特徴を理解し、頭の中で基本的な仕組みを整理しよう。

STEP2　個別要素の特徴や役割を理解する

次に個別の要素に目を向け、それぞれが持つ特徴や役割を理解していこう。

まずは、広告付き無料プランだ。このプランは「無料」という特徴から、利用者は比較的可処分所得が低い層、とりわけ学生層が顧客層となりそうだ。一方の有料プランは経済的に余裕のある社会人が中心になるだろう。

このように、個別の要素について深く吟味していくと、無料プランと有料プランではそれぞれ違う顧客層が見えてくる。

STEP 3 背後に働く力学を考える

次に、このビジネスモデルの背後に働く力学に目を向けてみよう。

Ａ社の無料プランは、可処分所得が低い学生層が主な利用者になると予測される。一方、有料プランの主な利用者は、可処分所得に余裕のある社会人層が中心になるだろう。

このような顧客層の違いが、Ａ社のビジネスモデル全体にどのような力学を生み出すだろうか？　ここで、これまで触れてきた「視点力」を活用し、さまざまな角度からこの仕組みをとらえてみよう。

無料プランの顧客層である学生層は、経済的な余裕が限られているため、広告が表示されるデメリットよりも、無料で利用できるメリットを優先するだろう。一方、有料プランの利用者である社会人層は、広告なしで快適にサービスを利用できることを重視する傾向が強い。このようなニーズの違いが、無料プランと有料プランの利用者層を二極化していく力学として働く。

ここで視点を変え「広告付き無料プラン」に広告を出稿する広告主の立場で考えてみよう。広告主にとって最も重要なのは「どのような顧客層にリーチできるか」という点だ。

もし無料プランの顧客層が学生層を中心としている場合、適している広告主は、学生向けの商品やサービスを提供する企業だ。たとえば、コンビニの商品、低価格な雑貨やファッションブランド、学生向けの学習用具などが挙げられる。このような商品は、無料プラン利用者の特性と親和性が高く、効果的な広告媒体となる可能性が高い。

だとすれば、今後A社が取り組まなければならないのは次の3つだとわかる。

- 有料プランの顧客層を、広告付き無料プランに移行させない取り組み。
- 広告付き無料プランで、学生向けの商品を提供している広告主を増やす取り組み。
- 広告付き無料プランの顧客を、有料プランに移行させる取り組み。

このように、背後に働く力学を理解することで、A社のビジネスモデルの本質やその成り立ちがより鮮明に見えてくる。

STEP 4　本質的な特性の確からしさを確かめる

最後に、見抜いた特性が他の場面や業界にも当てはまるかを検証してみよう。

たとえば、A社の広告付き無料プランの特性を他業界の事例に当てはめて考えてみるとどうだろうか。

動画配信サービスやニュースメディアなど、広告収益を主軸とした無料サービスモデルを採用している業界に注目してみよう。

この仕組みが、それらの業界ではどのように機能しているかを確認することで、A社の施策がどの程度成功する可能性があるのか、より具体的な手がかりを得ることができる。

さらに、見抜いた特性や背後に働く力学が他のビジネスモデルや施策にも応用可能であることが確認できれば、それはあなたの貴重な知見となるはずだ。たとえば、自社のビジネスに応用して考えてみることで、新たなアイデアを生み出したり、新しい発見を得ることができるはずだ。

このように、特性や力学の応用を考えることができれば、単なる知識にとどまらず、それを幅広く活かせる知恵へと発展させることができる。このステップを通じて得た洞察は、あなた自身のスキルやビジネス戦略をさらに高める強力な武器となるはずだ。

1日の振り返り

帰宅時30分

木曜日の帰宅時、電車に揺られながら1日の仕事を振り返る時間は、職場での出来事を題材に「本質的な特性」を見抜くトレーニングを行う絶好の機会だ。

週の後半に差し掛かり日々の業務が加速する中でも、この時間を活用してリアルな問題や課題を整理し、それを学びに変えることで、これからの業務に役立てることができる。

職場で起こった出来事を深く掘り下げて考えるこのトレーニングは、木曜日という忙しさが増す日にこそ、その価値が一層高まるはずだ。

多くの人数が絡んだ出来事

会議やプレゼンテーションなど、複数の人数が絡んだ出来事は、組織力学や集団心理などが働きやすく、特性や力学を見抜くトレーニングに最適な題材だ。

たとえば少人数で行われた会議では、意見交換がスムーズに進み、エッジの効いた結論が得られたのに対し、多人数の会議では意見がまとまらず、結果的に時間だけが経過してしまったといった例が挙げられる。この2つの違いの背景には、どのような特性や力学が存在するのか？ を考えることで、本質的な特性を見抜く力が鍛えられる。

意見の衝突や選択肢の議論があった出来事

たとえば、新しいプロジェクトの方向性を検討する場面で複数の案が提案され、それぞれのメリット・デメリットが議論された場合などが良い例だ。

議論の過程で、どの案が採用され、なぜ他の案が却下されたのかを振り返ることで、その意思決定の背後に隠れた組織文化や組織力学を掘り下げるきっかけになる。

トレーニングの流れ

STEP 1　表面的な特徴やパターンをとらえる

まずは、今日の出来事を振り返り、表面に現れた特徴を整理することから始めよう。このステップの目的は、大まかな内容を思い出し、全体像を把握することだ。

たとえば、少人数の会議では「参加者全員が積極的に発言し、短時間で議論がまとまった」といった特徴が見られたかもしれない。一方で、多人数の会議では「発言が一部のメンバーに偏り、議論が深まらず、無難な結論で終わった」というような特徴が浮かび上がったかもしれない。

このように、表面に現れた特徴を洗い出すことで、次のステップへ進むための手がかりを得られる。表面的な事象の整理は、背後にある要因や力学を理解するための重要な第一歩だ。

STEP 2　個別要素の特徴や役割を理解する

次に、表に現れた特徴を個別要素に分け、それぞれの特徴や役割を詳しく理解していこう。

ここでは、誰がどのような行動をとり、それが状況全体にどのような影響を及ぼしたかを考える。

たとえば少人数の会議では「メンバー全員の責任意識が強かった」「リーダーが積極的に発言を促すことで、全員が意見を述べる場がつくられていた」などといった個別要素が見えてくるかもしれない。一方、多人数の会議では「リーダーの進行が形式的だった」「発言者がベテラン社員に偏り、若手メンバーは意見を出しにくい雰囲気があった」など、場のダイナミクスに気がつけるはずだ。

STEP 3 背後に働く力学を考える

個別の要素の特徴を理解したら、次はそれらの要素がどのように相互作用し、どのような力学を生み出したかに目を向けよう。ここでは個々の要素を分けて考えるのではなく、それらが相互に影響し合う力学に目を向けることが重要だ。

たとえば、少人数の会議では「少人数であることで一人ひとりに責任感と信頼感情が生まれ、挑戦的な意思決定がしやすくなった」といった力学が働いているかもしれない。一方、多人数の会議では「一人ひとりの責任感が薄まり、場の空気を乱したくないという意識が働いた結果、無難な意思決定になった」という力学が働いた可能性がある。

力学を掘り下げる際には「もし条件が異なっていたらどうなったか？」という仮定を置いて考えることも役に立つ。たとえば「多人数の会議でもリーダーが積極的に意見を引き出していれば、議論が深まった可能性があるのではないか？」といった可能性を検討することで、力学の性質をさらに掘り下げて考えることができる。

STEP 4　本質的な特性の確からしさを確かめる

最後に、見抜いた特性や力学の確からしさを確かめるために、他の場面でも応用できるかを考えてみよう。

少人数の会議では「挑戦的な意思決定がしやすい」といった力学が存在した。その力学を生み出している本質は、これまでの流れから「一人ひとりの責任感」と「お互いの信頼感」だと見抜けるはずだ。この本質が、意思決定の質に大きく影響を与えていることがわかる。

この特性を将来の会議に応用する場合、たとえば挑戦的な意思決定を促したい場合は、会議の参加メンバーを絞ることが有効そうだ。少人数で議論を行うことで、全員が責任を感じ、信頼関係を築きやすくなるからだ。

一方で多人数の会議でも、事前に「一人ひとりの責任感」と「お互いの信頼感」をつくり上げておければ、無難な結論を回避できるはずだ。

このように、本質的な特性や力学を見抜き、それを他の場面に応用する視点を持つことができれば、得た学びをさらに発展させることができる。後は、今後の実践で確からしさを確かめていこう。

金
Fri.

本質的な「価値」を見抜くトレーニング

金曜日は週の終わりに差し掛かり、これまで積み上げてきた経験や学びを振り返りつつ、来週に向けて実践的な力を高めるタイミングだ。この日のトレーニングでは本質的な「価値」を見抜く力を鍛えよう。価値の本質を掘り下げる習慣を身につけることで、成果の質を飛躍的に向上させることができるはずだ。

ニュースの深掘り

通勤時30分

新製品や新サービス発表のニュース記事

日本における1年間の新製品の数は、食品業界だけで5〜8万件とされる。それらの新製品や新サービスがどのような価値を持つかを考えることは「実利価値」「感情価値」「自己実現価値」を見抜く絶好の機会だ。ただ単に新製品の内容を知るだけでなく、その背後にある顧客ニーズや社会的な意義をとらえる良いトレーニングになる。

新たな消費者動向に関するニュース記事

消費者の価値観や行動の変化は、製品やサービスが提供すべき「価値」を再定義する良いトレーニングになる。過去には「機能性」や「コストパフォーマンス」が主な購入動機だったものが、近年では「社会的意義」に重点を置く傾向が顕著だ。これを正しく理解することは、製品やサービスの提供者にとって必須の能力といえる。

トレーニングの流れ

ここからは、次の架空の記事を題材にしながら、本質的な価値を見抜くトレーニングの手順をわかりやすく解説していこう。

次世代スマートフォン「XYZ」発表：AIとエコで未来を切り拓く

大手テクノロジー企業のA社は本日、最新モデル「XYZ」を正式発表した。この次世代スマートフォンは、最先端のAI技術を搭載し、環境への配慮を強化したエコデザインが特徴だ。同社は「XYZ」を通じて、通信端末の新たな基準を確立するとしている。

環境に優しいエコデザイン

「XYZ」は、90%以上が再生可能素材で製造されており、業界初の完全リサイクル対応スマートフォンとなる。A社のCEOは「地球に優しい製品を提供することは、企業の使命です。XYZは、環境問題に真剣に取り組む私たちの決意を体現しています」と語る。

AI機能の強化で新しいユーザー体験を提供

このモデルには「XYZ-AI」と呼ばれる独自の人工知能が搭載されており、ユーザーの行動を分析して日常生活をサポートする機能が追加されている。たとえば、通勤時間に基づいた予定のリマインダーや、消費電力を最適化する省エネモードが自動で作動する。

6Gと省エネ技術の融合

「XYZ」は、最新の6G通信に対応し、従来モデルの2倍の通信速度を誇る。また、新型バッテリー技術により、フル充電で3日間使用可能という業界最高レベルの省エネ性能を実現している。

価格と市場展開

「XYZ」の価格は15万8000円から。日本国内での発売は2月1日から開始され、3月には北米とヨーロッパ市場への展開が予定されている。同社は「この価格設定で、業界の環境基準と技術革新を同時に引き上げる」と自信を示している。

A社は「XYZ」が技術革新と環境配慮の両面で新しい基準を打ち立てることを目指している。果たしてこの製品が市場でどのような評価を得るのか、今後の展開が注目される。

STEP1　特徴をリストアップする

まずはニュース記事で触れられている製品やサービスの特徴をリストアップしてみよう。

このステップでは、できるだけ客観的に事実を整理することが重要だ。たとえば、次のような要領だ。

環境に優しいエコデザイン

「ＸＹＺ」は90％以上が再生可能素材で製造されており、完全リサイクル対応の業界初のスマートフォンである。

ＡＩ機能の強化

「ＸＹＺ-ＡＩ」と呼ばれる独自の人工知能が搭載されており、ユーザーの行動を分析して通勤時間に基づいた予定のリマインダーや省エネモードの自動作動を実現する。

６Ｇ通信と省エネ性能

最新の６Ｇ通信対応により通信速度は従来モデルの2倍、新型バッテリー技術によりフル充電で３日間使用可能な省エネ性能を備えている。

価格と市場展開

「ＸＹＺ」の価格は15万８０００円から。日本国内では2月1日から発売が開始され、３月には北米とヨーロッパ市場にも展開予定。

これらの特徴を一つひとつ丁寧に整理することで、製品やサービスが持つ「独自性」と「競争力」をより深く理解できるはずだ。次のステップでは、これらの特徴がどのような有益性を生み出しているのかを掘り下げていく。

STEP 2 有益性を見極める

続いては、リストアップした特徴を基に、その製品やサービスが提供する価値を「実利価値」「感情価値」「自己実現価値」に分類してみよう。

実利価値

実利価値を見抜くには「それはどのように役立つのか？」に目を向けよう。たとえば、「XYZ」の場合、6G通信による高速通信や3日間持続するバッテリー性能が挙げられる。これらは、ユーザーの日常生活の快適性や利便性を大幅に向上させる特徴だ。

感情価値

次に「それを持つことで、どのようなポジティブな気持ちになるのか？」という感情価値について考えてみよう。環境に配慮したエコデザインは、ユーザーに「サステナブルな未来に貢献している」という満足感や誇りを提供するはずだ。さらに洗練されたデザインは、先進的なライフスタイルへの自尊心を満足させるだろう。

自己実現価値

最後に「それがどのようにユーザーの理想を実現するのか？」を掘り下げてみよう。たとえば「XYZ」の写真撮影時に構図やライティングをリアルタイムでアドバイスする機能は、ユーザーの創造性を掻き立て「クリエイティブな自分」を後押ししてくれる。また、環境に配慮したエコデザインを選ぶことで「サステナブルな未来を選択したスマートな自分」へと近づけてくれるはずだ。

このように「実利価値」「感情価値」「自己実現価値」に分類することで、その製品やサービスが持つ有益性を見極めることができる。

STEP 3　意義を見極める

有益性を見極めることができたら、続いては「意義」について考えていこう。意義とは、利便性や効率性を超え、人々や社会に与える深い意味や価値観を表すものだ。

意義を考える際には、個人の満足だけでなく、それが社会全体にどのように影響を与えるか？　を考えるのがポイントだ。たとえば「XYZ」が提供する「創造性を掻き立てる」や「サステナブルな未来への貢献」は、単なる個人の話にとどまらず、社会や未来を変える力になりうる。

このように考えていくと「創造性を解放し、サステナブルな社会をつくる」ことこそが「XYZ」の実利を超えた意義であり、特別な存在へと押し上げている「価値」といえるだろう。

STEP 4　重要性を見極める

意義を明確にできたら、次に取り組むべきは、その意義がどれほどの「重要性」を持つのかを見極めることだ。

重要性を見極める際には、その製品やサービスがもたらす影響がどのように広がり、個人、社会、未来にどのような変化を引き起こすかを考えることがポイントだ。

たとえば、スマートフォンは今や誰もが持つツールであり、その影響範囲は極めて広いといえる。さらにイノベーションの重要性や気候変動の悪影響が社会全体で議論されている中「XYZ」が提供する「創造性の解放」や「サステナブルな社会への貢献」といった価値は、個人の生活だけでなく、社会全体や次世代に対してもインパクトを与える可能性を秘めている。

このように、製品やサービスの影響の広がりを理解することで、それが単なる「便利な選択肢」ではなく、「時代を変える力を持つ存在」であることを再確認できるはずだ。

1日の振り返り

帰宅時30分

金曜日の帰宅時、電車の揺れを感じながら一週間の仕事を振り返る時間は、職場での出来事を題材に「本質的な価値」を見抜くトレーニングを行う絶好の機会だ。ぜひ、日々の業務の中に埋もれがちな本質的な価値を見いだし、それを次の行動につなげていこう。

職場での出来事を深く掘り下げ、本質的な価値を見抜くこのトレーニングは、金曜日という節目の日だからこそ、その重要性が一層高まるはずだ。

顧客への提案の場面

本質的な価値を見抜くトレーニングとして、顧客に対する提案や交渉の場面はうってつけの題材だ。なぜなら、これらを通して、クライアントにどのような価値を提供しようとしたのか、その価値がどの程度伝わったのかを考えることで、本質的な価値を見抜くトレーニングになるからだ。

打ち合わせやミーティングの場面

チーム内の打ち合わせやミーティングの場面も、本質的な価値を見抜くトレーニングをするうえで役に立つ。たとえば「プロジェクトの方向性を決定するミーティング」や「進捗状況を共有し、問題解決策を話し合う議論」などが挙げられる。

この題材では、自分や同僚が出した意見にどのような価値があり、最終的にどのような影響を及ぼしたのかを振り返ることができる。

トレーニングの流れ

STEP 1　特徴をリストアップする

まずは、今週行った顧客への提案内容を思い返し、それを具体的にリストアップしてみよう。このステップでは、自分が提案した内容の全体像を整理し、その構造を把握することが目的だ。以下のような要素を含めるとよいだろう。

現状分析：提案において、顧客の現状をどのようにとらえ、どのような課題が存在すると判断したかを振り返る。

課題の提示：顧客に対し、どのような課題や問題点を提示したか。

解決策の提示：提案の中心となる解決策は何か。

こうした要素を簡単にリストアップするだけでも、自分の提案内容を客観的に見直し、次のステップに活かすことができる。

STEP 2 有益性を見極める

次に、リストアップした提案内容をもとに、その有益性を「実利価値」「感情価値」「自己実現価値」に分けて掘り下げてみよう。そうすることで、あなたが提供した「価値」の解像度が上がり、本質的な価値を見抜く目が養われるはずだ。

実利価値：あなたの提案が顧客にもたらした「実利価値」は何だっただろうか？　たとえば「新しいＩＴシステムの導入を提案した結果、業務時間の短縮が期待できる」「市場データを活用した戦略により、販売機会が増加する」といった具体的な実利を挙げてみよう。

感情価値：あなたの提案が顧客にもたらした「感情価値」は何だっただろうか？　たとえば「これまでの課題を一緒に解決できそうだと感じ、信頼が強まった」「具体的な実行プランを提示され、希望を持てた」といった感情面での価値を振り返ってみよう。

自己実現価値：あなたの提案が顧客にもたらした「自己実現価値」は何だっただろうか？　たとえば「これまで躊躇っていた挑戦を後押ししてもらえた」「自社が目指しているビジョンの実現に自信が持てた」といった形で、目標達成やビジョン実現の可能性を実感してもらえた場面を振り返ってみよう。

このように、単なる実利価値だけでなく、感情価値や自己実現価値を通して、提案が顧客にとって「未来に向けた一歩」として受け入れられたか？　を振り返る習慣を持つことで、本質的な価値を見抜くトレーニングになる。

STEP 3　意義を見極める

提案の有益性を見極めることができたら、続いては「意義」を見極めよう。ここでいう「意義」とは、あなたの提案が課題解決を超えて、どのように人や社会、さらには未来に影響を与えるかを探ることだ。次の2つの視点で考えると、提案の意義を見極めやすくなる。

この提案は、どのような未来をつくるのか？

あなたの提案が顧客にもたらす未来像を考えてみよう。たとえば「提案したＡＩソリューションの導入により、顧客は業界をリードできる存在になれる」などが挙げられるだろう。提案が短期的な成果を超えた長期的な変化を促すかどうかが、意義を見極める鍵になる。

この提案は、どのような社会をつくるのか？

あなたの提案が顧客の枠を超えて、どのように社会やステークホルダーに影響をもたらすかを考えてみよう。たとえば「顧客のビジネス拡大により新たな雇用が創出され、地域の経済活性化に貢献する」といった広がりをイメージすることで、提案の持つ意義を見抜くことができるはずだ。

STEP 4　重要性を見極める

意義を明確にできたら、その意義がどれほどの「重要性」を持つのかを見極めるステップに進もう。

影響の広がりを考える

提案の重要性は、その影響がどれだけ広い範囲に及ぶかで判断できる。たとえば、提案が顧客の成功を支えるだけでなく、業界全体にポジティブな波及効果をもたらす可能性がある場合、その提案はより重要な価値を持つことになるはずだ。

長期的な貢献を見極める

提案が顧客にとって短期的な利益をもたらすだけでなく、長期的な成長にどれほど貢献するかも重要な視点だ。たとえば、提案が顧客の長期的な競争力を高めるものであれば、その重要性はさらに高まるはずだ。

このように、提案の重要性を見抜く習慣を身につけることできれば、あなたは顧客にとって「欠かせない存在」へと成長できる。重要な提案ができれば、顧客との信頼関係も自然と強まっていくはずだ。

土
Sat.

「関係」の本質を見抜くトレーニング

土曜日は週末の始まりであり、心身をリフレッシュしつつ、次の週に向けた準備を進める絶好のタイミングだ。土曜日ならではの気持ちの余裕を活かし「関係」の本質を見抜く力を磨くことで、翌週の仕事に応用できる新たな視点を手に入れよう。

ニュースの深掘り

午前中30分

企業の成長を分析したニュース記事

企業の成長を扱ったニュース記事は、本質的な関係を見抜くトレーニングに絶好の題材だ。なぜなら、その企業が成長した原因と結果の因果関係を見抜き、自社や個人の業務に応用可能な学びを導き出しやすいからだ。

このような記事では、企業がどのような戦略を採用し、どのリソースを活用して成長を遂げたかを深掘りすることが重要だ。

業界トレンドを解説する記事

業界全体の動向や市場構造の変化を解説する記事は、ビジネス環境がどのように進化しているかを理解するうえで非常に有益だ。特に、技術革新や規制の変更、新たな消費者ニーズが企業の競争優位性にどのような影響を与えるかを考えることで「関係」の本質を見抜く力を鍛えることができる。

トレーニングの流れ

ここからは、次の架空の記事を題材にしながら、「関係」の本質を見抜くトレーニングの手順をわかりやすく解説していこう。

【特集】時価総額に映る新たな価値基準：「見えない資源」の力

かつて企業の時価総額は、土地や設備などの有形資産を基盤に決まるのが一般的だった。しかし近年、無形の資源を活用する企業が急成長を遂げ、その時価総額が従来の評価基準を超えて伸びている。この変化は、企業価値の在り方が大きく変わりつつあることを示している。

A社の事例――人材と文化が競争力を後押し

国内製造業のA社は、製品中心の事業モデルから、顧客の課題解決を重視するソリューション型ビジネスに転換。社員のスキルと社内の連携を強化し、時価総額の上昇を実現した。同社の広報担当者は、「目に見える成果の裏にあるプロセスこそが、企業価値の本質だ」と語る。

デジタル活用が企業価値を押し上げる

小売業界で注目されるB社は、顧客データを資産化し、個別最適化されたサービスを提供する戦略で、時価総額を大きく伸ばしている。同社の代表は、「長期的な顧客関係が、成長の基盤を築いている」と説明する。

変わる評価基準

時価総額は今、企業が持続的に価値を生み出す能力を示す指標へと進化している。市場が何を重視しているのかを読み解くことが、これからの企業経営の鍵となりそうだ。

STEP 1 因果関係を発見する

まずはじっくりとニュース記事を読み込み、書かれた内容の背後にある原因と結果を整理していこう。具体的には「どの原因が、どんな結果を引き起こしたのか？」を明確にすることがポイントだ。

たとえばA社の例では、時価総額を伸ばした理由として、社員スキルの強化や社内カルチャーの改善が挙げられる。これにより顧客満足度が向上し、ブランド価値が高まった。その結果、投資家の評価が上がり、時価総額の増加にもつながっている。

こうした原因と結果のつながりをしっかり把握することで、表に見えない「社員スキル」や「カルチャー」といった無形の要素が結果に影響していることに気がつけるはずだ。

STEP 2 因果関係を抽象化する

ステップ2では、A社の例で整理した因果関係をさらに深掘りしてみよう。

時価総額の向上をもたらした「社員スキルの強化」「社内カルチャーの改善」「ブランド価値の向上」は、一見バラバラに見えるが、実は共通点がある。それは「無形資産」という見えない力が、これらの成果を生み出しているという点だ。

無形資産とは、ビジョン、カルチャー、ブランド、特許といった、目には見えない資産を指す。ここで、第二章で触れた「本質的な特性を見抜く力」を思い出してほしい。無形資産には次のような特性があることに気がつけるはずだ。

使えば使うほど価値が増す：たとえば、社員がスキルを磨き、その知識やノウハウを組織内で共有すれば、組織全体の能力が向上する。

外から見えず、真似されにくい：社内カルチャーやブランド価値は、他社が簡単に模倣できない独自性を持つ。

これらの特性を基に因果関係を抽象化すると、「無形資産は、使えば使うほど競争優位性を確立できる」という法則が導き出せる。この法則は、特定の業界や状況に依存せず、幅広いケースに応用可能な普遍的なものだ。

このように、発見した因果関係を抽象化することで、単なる知識ではなく、幅広い分野で活用できる汎用的な学びを得られる。

STEP 3　得られた法則を応用する

最後のステップでは、抽象化した法則を基に、自社内でどのような無形資産が存在し、それをどのように活用できるかを具体的に考えてみよう。そうすれば、自社の競争優位性を高めるための行動につなげていくことが可能になる。

まずは、自社内の無形資産を見つけることから始めよう。無形資産には、社員のスキルやノウハウ、社内カルチャー、ブランド、データ、モチベーションなどが含まれる。これらは日常業務に埋もれていることが多いため、意識的に発見しようとする意識を持つことが重要だ。

無形資産の探し方の例

社員のスキルやノウハウ　特定の業務において優れた知識や経験を持つ社員をリストアップする。

社内カルチャー　組織全体に浸透している独自の価値観や行動規範を洗い出す。

ブランド　自社のプロダクトやサービスが顧客からどのように評価されているかを確認する。

データや特許　蓄積された顧客データや、自社の知的財産がどのように活用されているかを見直す。

締めくくりに、見つけた無形資産を活かすための戦略や具体的な方法についても考えてみよう。それは「新たなビジネスモデル」「戦略」「組織マネジメント」「業務」なんでも構わない。「関係」の本質を見抜き、法則に変え、それを活かす仕組みや取り組みを進めることで、組織全体の成長を加速させるだけでなく、長期的な競争優位性を確立できるはずだ。

1週間の振り返り　夜30分

職場の中で感じた違和感

職場でふとした違和感を覚える場面は「関係」の本質を見抜くトレーニングの絶好の機会だ。たとえば、会議やプロジェクトの方針決定の場で、「管理職ではない人物が議論の流れを変えたり、最終的な決定に大きな影響を与えることがある。このような「非公式リーダー」が活躍する場面は、一見すると組織のルールから逸脱した現象のように映るが、その背景には、何らかの因果関係が隠れている。

予期しない問題やトラブルが発生した場面

職場で予期しない問題やトラブルが発生する場面は「関係」の本質を見抜くトレーニングとして最適だ。このような状況では、表面的な出来事の背後にどのような因果関係が隠れているのかを探ることが重要だからだ。

こうした予期しないトラブルに直面した場面を振り返り、その背景にある隠れた因果関係を深掘りすることで、職場の改善点が見えてくる。

トレーニングの流れ

STEP 1　因果関係を発見する

まず、この1週間で職場で感じた「違和感」を振り返り、その違和感の背後にある因果関係を明らかにしていこう。たとえば、方針決定の場で、「管理職ではない人物が最終決定に大きな影響を与えた」というケースが典型的だ。このような場面では、一見不思議に思える「違和感」の背景に、表には見えない何らかの因果関係が働いていることが多い。

このケースの場合「違和感」の背景には、次のような因果関係が考えられるはずだ。

●その人物が社内でも定評がある専門家だったから→意思決定に影響を与えた可能性。
●その人物が最も詳細な情報を持っていたので→意思決定に影響を与えた可能性。
●その人物が管理職から絶大な信頼を得ていたので→意思決定に影響を与えた可能性。
●その人物の意見が最も合理的だったので→意思決定に影響を与えた可能性。
●その人物の意見がタイムリーだったので→意思決定に影響を与えた可能性。

このステップでは、第三章で学んだ「視点力」を活かして「なぜその違和感が生じたのか？」「その背後に隠れた因果関係は何か？」という仮説を複数立ててみよう。因果関係を多角的にとらえることで、違和感の背後にある本質が少しずつ見えてくるはずだ。

STEP 2　因果関係を抽象化する

STEP 1で発見した因果関係をさらに深掘りし、その背後にある本質的なパターンや法則を抽象化してみよう。こうすることで、特定の出来事にとどまらない、幅広い場面で活用できる学びを得られるはずだ。

職場で「非公式なリーダーが意思決定に影響を与える」という現象は、一見その場限りの出来事のように思えるかもしれない。しかしこれを抽象化すれば、他の状況でも応用可能な法則に変えることができる。
ここでは、多角的な視点を持ちながら、どのような要素が影響を与えたのかを整理し、それを普遍的な法則としてまとめよう。たとえば次のような要領だ。

●その人物が社内でも定評がある専門家だったから↓意思決定に影響を与えた可能性。
↓法則：専門性は、肩書き以上に影響力を発揮する。
●その人物が最も詳細な情報を持っていたので↓意思決定に影響を与えた可能性。
↓法則：情報の独占は、意思決定をする際の強力な武器になる。
●その人物が管理職から絶大な信頼を得ていたので↓意思決定に影響を与えた可能性。
↓法則：信頼があれば、意見は通りやすくなる。
●その人物の意見が最も合理的だったので↓意思決定に影響を与えた可能性。
↓法則：合理的で正しい意見は、影響をもたらす武器になる。
●その人物の意見がタイムリーだったので↓意思決定に影響を与えた可能性。
↓法則：時期や期限を見越した提案は、議論の流れを変え、通りやすくなる。

このように、因果関係を抽象化することで、具体的な事例の枠を超えた普遍的な法則が導き出せる。それらの法則は、職場の人間関係や意思決定の場で活用できる強力な指針となるだろう。次のステップでは、この法則をどのように活用するかを考え、実際の行動につなげていこう。

STEP3 得られた法則を応用する

STEP2で、抽象化した法則を得られたら、続いては具体的な行動に移す方法を考えてみよう。たとえば、次に取るべき行動をリストアップし、自分自身のスキル開発に取り入れることで、組織における影響力を高めていけるはずだ。

たとえば「非公式に影響力を発揮できる人になる」というケースでは、次のような行動が考えられる。

専門性を磨く：非公式リーダーが持つ影響力の大きな源泉の一つは、その分野での専門性だ。よって、自分の得意分野を明確にし、それをさらに深めていく。

- 業務に関連する資格を取得する。
- 専門書や最新の業界情報を学び、知識を更新する。
- チーム内で困難な課題に積極的に取り組み、経験を積む。

積極的に情報収集・発信する：非公式リーダーが影響力を持つ理由の一つは、他の人が知らない情報を持っていることだ。よって、情報の収集と共有を習慣化していく。

●業界ニュースや競合情報を定期的にチェックし、チームに共有する。

●チーム内で課題が発生した際に、データや事例を提示して解決策を提案する。

信頼関係を築く：非公式リーダーは、周囲からの信頼を基に影響力を発揮している。よって、人間関係を強化し、信頼を得る行動を心がける。

●他者の意見を尊重し、積極的に耳を傾ける。

●困っている同僚をサポートする。

●自分の行動と言葉に一貫性を持たせ、誠実な姿勢を示す。

合理的に考えられるようになる：非公式リーダーが影響力を持つ理由の一つに、意見が合理的で納得感があることが挙げられる。よって、思考能力を高め、説得力がある形で伝えるスキルを磨く。

●情報を客観的に整理する。

●意見の裏付けを準備する。

●論理的に考える。

適切なタイミングで行動する：非公式リーダーは、意見を発信するタイミングを見極めるのが上手い。状況をよく観察し、適切なときに行動を起こそう。

●チームが課題に直面しているときに、解決策を提示する。

●他のメンバーが困っているときにサポートし、影響力を発揮する。

抽象化した法則を具体的な行動に移すことは、学びを実践に変え、自分自身の成長や職場への貢献につなげる重要なステップだ。この積み重ねが、あなた自身の可能性を広げてくれるはずだ。

日
Sun.

「大局」を見抜くトレーニング

日曜日は多くの人にとって、週のリセットと、次の1週間に向けた準備の日だ。大局観を鍛えるには、自分自身をリフレッシュし、より広い視点を持つ準備が整った日曜日に取り組むのが効果的だ。大局を見抜く力は「意味」「原因」「目的」「特性」「価値」「関係」のそれぞれの力を総動員した総合的な力だ。よって題材は一つだけとし、その分60分の時間をかけて、じっくりとトレーニングをしていこう。

ニュースの深掘り　60分

働き方に関する記事

働き方に関する記事は、時代の変化に伴う人々の価値観や企業文化の進化をとらえる絶好の題材だ。このような記事を通じて、働き方の新たな潮流や、その背後にある社会的・経済的要因を読み解くことで、変化の本質をつかむトレーニングができる。

テクノロジーやイノベーションに関する記事

テクノロジーやイノベーションに関する記事は、最新技術がどのように業界や社会を変化させているのかを理解するうえでうってつけだ。こうした記事を通じて、新技術の登場や普及がもたらす機会や課題を分析し、ビジネスの世界の大局的な流れを探るトレーニングができる。

トレーニングの流れ

ここからは、次の架空の記事を題材にしながら、大局を見抜くトレーニングの手順をわかりやすく解説していこう。

副業が働き方を一変　フリーランス市場も加速　副業解禁が主流に
収入の多様化が進む

企業による副業解禁が拡大している。2024年には国内の7割以上の企業が副業を認め、働く人々が複数の収入源を持つ「複線型の働き方」が一般化しつつある。政府の働き方改革関連法や、リモートワークの普及がこの流れを後押ししている。

副業を選ぶ理由も多様化しており、「収入を増やすため」だけでなく、「スキルを磨く」「趣味を活かす」「キャリアの選択肢を広げる」など、個人の価値観が反映されている。ＩＴやクリエイティブ分野では、副業で本業以上の収入を得る例も増え、フリーランスへの移行が加速している。

副業普及の影響で、フリーランス市場もかつてない成長を見せている。国内のフリーランス人口は２０２４年に１３００万人を突破し、オンラインプラットフォームによる仕事の受発注も活発化している。

STEP 1 変化をとらえる

大局を見抜くトレーニングの第一歩は、記事に記載されている「変化」を特定することだ。記事全体を通して浮き彫りになっている主要な変化やトレンドを整理し、その内容を具体的に言語化することを目指そう。

たとえば、先ほどの記事では、次のような変化が読み取れる。

副業解禁が主流化し、働き方の多様化が進んでいる

2024年には国内の7割以上の企業が副業を認めるという具体的なデータから、複線型の働き方が一般化していることが示されている。

副業を選ぶ理由が多様化している

単なる収入増加を目的とするだけでなく、「スキルアップ」「趣味の活用」「キャリア選択肢の拡大」など、個人の価値観が反映されていることが書かれている。

フリーランス市場の拡大

副業の普及がフリーランス人口を押し上げ、2024年には1300万人を突破する見通しがあること、さらにオンラインプラットフォームを通じた仕事の受発注が活発化している点も、変化の一つとして挙げられる。

ここで重要なのは「何がどのように変わったのか?」を整理することだ。この場合「副業解禁」という現象だけでなく、それがどのように働き方や市場全体に影響を与えているかを読み取ることが次のステップにつながる。

STEP 2 変化の本質を見抜く

変化を正確にとらえたら、次はその「本質」に目を向けよう。このステップでは、目に見える現象だけでなく、その背後にある背景や原因を掘り下げ、変化を引き起こしている力学を見抜くことが重要だ。

たとえば「副業解禁が進み、働き方が多様化している」という現象の裏には、どのような背景があるのだろうか？

1つ目は、終身雇用が崩れつつあることだ。企業に一生頼るのが難しくなり、多くの人が複数の収入源を確保する必要性を感じている。副業は、そうしたリスクを軽減する手段として注目されている。

2つ目は、スキルのある人が組織に縛られないほうが稼げる時代になったことだ。特に才覚がある人材は、副業やフリーランスで本業以上の収入を得るケースが増えている。

3つ目は、オンラインプラットフォームの普及だ。この技術的な進展により、個人が仕事を自由に選び、自らの力で価値を提供できる環境が整いつつある。

こうした背景から見えてくる力学は、従来の「企業に依存する働き方」から「個人が主導する働き方」へのシフトだ。働き方の主導権が企業から個人へと移りつつあり、労働市場の構造そのものを変化させる力学が働いている。

ここで重要なのは、「なぜこうした変化が起きているのか？」を考え、その背後にある原因や力学を掘り下げることだ。このプロセスを通じて、単なる現象にとどまらず、変化の本質やそれがもたらす未来への影響を深く理解する力を身につけることができる。

STEP 3　大局的な見通しに結びつける

変化の背景にある力学を見抜いたら、次はその影響を大局的にとらえ、未来の可能性を見通していこう。重要なのは、変化の背後にある力学が個人や組織、そして社会にどのような形で影響を及ぼすかをイメージすることだ。

たとえば「企業に依存する働き方から個人が主導する働き方へのシフト」という力学から見えてくるのは、才覚のある人材が自由を求め、組織から離れていく未来だ。

副業やフリーランスという選択肢が広がる中、高いスキルを持つ人材は、自由と収入を最大にできる環境を求めてフリーランスを選ぶだろう。一方で、スキルが乏しい人材は、組織に依存し続ける傾向が強まる。その結果「自由に稼ぐ優秀なフリーランス人材」と「スキル不足で組織に依存する組織人材」という二極化が進む構図が見通せるはずだ。

このように考えると、この流れは多くの企業にとって深刻な課題を生むことも見通せる。

企業はこれまで以上に、才覚のある人材をどう組織にとどめておくかという新たな課題に直面するはずだ。

一方で、こうした変化は個人のキャリアにも変化をもたらす。優秀な人材は組織の外側で自分の能力を発揮し、自由で豊かな働き方を実現する。他方、スキル不足の人材は、組織内にとどまり、キャリアの自由度を失う。

このように、変化の本質をとらえ、大局的な視点で未来を見通す力は、組織にとっても個人にとっても、次のステップを見極めるためには不可欠なスキルだ。この視点を磨くことで、変化をチャンスに変える戦略的な意思決定が可能となるはずだ。

あとがき

「可視化依存社会」では、あらゆるものが情報や数値として目に見えるようになる。目に見えるもので目標を立て、目に見えるもので進捗を管理し、目に見えるもので評価する。それが「可視化依存社会」だ。

あらゆる物事が目に見えるようになって扱いやすくなった反面、皆、心のどこかで「本当にこれで正しいのだろうか？」と不安を感じてはいないだろうか？

確かに、情報や数値など「目に見えるもの」は管理がしやすい。しかし「目に見える」ということは、誰でも簡単にトレース可能ということであり、簡単に真似しやすいことを意味する。

一方で「目に見えないもの」は管理がしづらく、共有すら難しいやっかいな代物だ。しかし「目に見えないもの」に競争力が宿れば、圧倒的な戦力になりうる。なぜなら、目に見えないものは簡単には真似できず、それ自体が希少な価値となりうるからだ。

愛とか恋とか友情とか、目に見えないものが人生において重要な存在であるように、ビジネスにおいても、ビジョン、リーダーシップ、カルチャー、モチベーションといった目に見えないものこそが重要だ。これらは目に見えないがゆえに、簡単には真似できない独自の価値となりうる。

これから先の時代、より一層、生成ＡＩは目に見える情報をどんどん吐き出していくだろう。そして、人間が処理しきれない膨大な情報をＡＩエージェントが判断し、自動実行してくれるはずだ。

しかし、生成ＡＩにはできないことがある。それこそが本書のテーマである、見えないものを見抜く力である「本質を見抜く力」だ。

残念ながら、本質を見抜く力は、簡単には身につかない。しかしあなたが子供の頃、何度も練習をして自転車の乗り方の手順を覚えたように、そして大人になってから自動車の運転の方法を身につけたように、地道にトレーニングすれば、誰にでも身につけられるスキルだ。

本書が、その一助になれれば幸いだ。


最後になったが、本書を出版するにあたっては、多くの方々に協力とご支援をいただいた。

株式会社朝日広告社の福地献一社長、奥田東執行役員、市川仁本部長、田苗隆司本部長補佐。ビジネスソリューション部の政本高宏部長、木本緑氏、上田睦子氏、佐々木氏、坂田珠紀氏、バチボコ平松氏。

イノベーションデザイン部の齊藤雅之部長、西牧喜紀氏、吉田琢磨氏、中島美波氏。

その他、ご尽力いただいたすべての方々に、この場を借りて厚くお礼を申し上げる。

なお、本書の内容はすべて筆者個人の見解であり、所属する組織を代表する意見ではないことを付け加えさせていただく。

羽田康祐

羽田康祐（はだこうすけ）　k_bird

株式会社朝日広告社ストラテジックプランニング部プランニングディレクター。

産業能率大学院経営情報学研究科修了（ＭＢＡ）。

日本マーケティング協会マーケティングマスターコース修了。

外資系コンサルティングファームなどを経て現職。

「外資系コンサルティングファームで培ったロジック」と「広告代理店で培った発想力」のハイブリッド思考を武器に、メーカー・金融・小売り等、幅広い業種のクライアントを支援。

マーケティングやブランディング、ビジネス思考をテーマにしたブログ「Mission Driven Brand」を運営。ハンドルネームはk_bird。

著書にロングセラー『問題解決力を高める「推論」の技術』『無駄な仕事が全部消える超効率ハック』『インプット・アウトプットが10倍になる読書の方程式』（いずれもフォレスト出版）、『超一流のコンサルが教えるロジックツリー入門』（ＰＨＰビジネス新書）がある。

「Mission Driven Brand」　https://www.missiondrivenbrand.jp/

本質をつかむ

2025年 5 月 2 日　初版発行
2025年 6 月23日　3 刷発行

著　　者　羽田康祐　k_bird
発 行 者　太田　宏
発 行 所　フォレスト出版株式会社
〒162-0824
東京都新宿区揚場町2-18　白宝ビル7F
電　　話　03-5229-5750（営業）
03-5229-5757（編集）
U R L　http://www.forestpub.co.jp
印刷・製本　萩原印刷株式会社

ISBN 978-4-86680-320-3　Printed in Japan